GRUNDKURS Bonsai

GRUNDKURS
Bonsai

HORST STAHL

FRANCKH-KOSMOS

Mit 73 Farbfotos von Horst Stahl, Haltern, sowie 94 Schwarzweißzeichnungen von Miloš Váňa, Prag.

Umschlaggestaltung von Atelier Reichert, Stuttgart, unter Verwendung von 5 Farbfotos vom Bonsai-Centrum, Heidelberg, (Vorderseite) und von Horst Stahl, Haltern, (Rückseite). Das Titelbild zeigt eine Quitte *(Cydonia sinensis)*.

Die Deutsche Bibliothek — CIP-Einheitsaufnahme

Stahl, Horst:
Grundkurs Bonsai / Horst Stahl. [Schwarzweisszeichn. von Miloš Váňa]. — Stuttgart : Franckh-Kosmos, 1992
    ISBN 3-440-06455-7
NE: HST

Zum Bild auf Seite 3:
Eine Mädchen-Kiefer *(Pinus parviflora)* in Form einer Halbkaskade. Der unterste Hauptast neigt sich über den Schalenrand hinab.
(Bonsai Sekai, Japan)

© 1992, Franckh-Kosmos Verlags-GmbH & Co., Stuttgart
Alle Rechte vorbehalten
ISBN 3-440-06455-7
Lektorat: Bärbel Oftring
Herstellung: Siegfried Fischer, Stuttgart
Printed in Germany/Imprimé en Allemagne
Satz: Typobauer Filmsatz, Ostfildern
Druck und buchbinderische Verarbeitung: Chemnitzer Verlag und Druck GmbH, Werk Zwickau

Alle Angaben in diesem Buch sind sorgfältig geprüft und geben den neuesten Wissensstand bei der Veröffentlichung wieder. Da sich das Wissen aber laufend in rascher Folge weiterentwickelt und vergrößert, muß jeder Anwender prüfen, ob die Angaben nicht durch neuere Erkenntnisse überholt sind. Dazu muß er zum Beispiel Beipackzettel zu Dünge-, Pflanzenschutz- bzw. Pflanzenpflegemitteln lesen und genau befolgen sowie Gebrauchsanweisungen und Gesetze beachten.

Grundkurs Bonsai

Bonsai — viel mehr als nur ein kleiner Baum

Einen Bonsai kann man grundsätzlich aus jeder sich verholzenden Pflanze gestalten. Entsprechend sind Bonsai auch keine speziellen Züchtungen. Lediglich die verschiedenen gärtnerischen Maßnahmen lassen aus einem potentiell großwachsenden Baum seine miniaturisierte Form werden. Die Kunst, einen Baum klein zu halten und ihn dennoch wie seinen großen Bruder erscheinen zu lassen, ist von jedermann zu erlernen.

Es ist aber nicht nur der kleine Baum, der einen Bonsai ausmacht. Untrennbar gehört die angemessene Schale zu dem Baum wie der Rahmen zum Bild. Baum und Schale gemeinsam machen das Gesamtkunstwerk Bonsai aus. Passen Form, Größe oder Farbe der Schale nicht zu der Baumart oder Wuchsform des Baumes, ist das Kunstwerk gestört, wenn nicht sogar zerstört.

Bonsai — auch eine Philosophie

Die Formung von Bäumen zu Bonsai hat eine lange Geschichte. So sollen in China vor gut 2000 Jahren die ersten Bäume in Schalen gepflanzt worden sein. Der mythischen Überlieferung nach lebte zur Zeit der Han-Dynastie (206 v. Chr. bis 220 n. Chr.) der Zauberer Jiang-feng. Ihm wurde die Fähigkeit zugeschrieben, ganze Landschaften mit Gebirgen, Bäumen, Flüssen, Häusern, Tieren und Menschen verkleinert auf ein Tablett zaubern

zu können. Noch heute nennt man in China solche Miniaturlandschaften auf Tabletts Penjing (siehe S. 10).

Die miniaturisierte Gestaltung von Bäumen nennt man in China Pensai. Dabei werden in einigen Provinzen die charakteristischen Wuchsformen der Baumvegetation als Pensai nachgestaltet. In anderen Provinzen Chinas werden Pensai eher in bizarren, symbolhaften Formen gestaltet, wie zum Beispiel in Drachengestalt.

Eine Größenbegrenzung bei Pensai gibt es nicht. Bäume von zwei und mehr Metern Höhe werden in den chinesischen Gärten als Akzente gesetzt. Sie werden entweder in die Gartenerde gepflanzt oder in sehr großen Schalen gepflegt.

Chinesische Pensai werden zu japanischen Bonsai

China hatte traditionell einen großen Einfluß auf die kulturelle Entwicklung Japans. So konnte neben der Staatsreligion des Shinto der Buddhismus recht früh in Japan Fuß fassen. Wandernde Mönche des Zen-Buddhismus brachten somit um 600 n. Chr. auch die ersten Pensai nach Japan. In der kulturell sehr aufgeschlossenen Kaiserstadt Kyoto beschäftigten sich bald adlige Damen und Herren, neben der Kunst des Blumensteckens (Ikebana) und der Teezeremonie, mit den »kleinen Bäumen«.

Die chinesischen Schriftzeichen für Pensai werden in Japan Bonsai gelesen. Aber nicht nur der Begriff änderte sich, sondern auch die Gestaltung der Bäume. Die Formen, die man den Bäumen gab, wurden den Vorbildern in der Natur noch genauer abgeschaut und nachgestaltet. Auch hier findet man wieder die Synthese zwischen Buddhismus und Shintoismus.

Typisch für die Japaner ist, daß ein Mensch oft nicht nur einer Religion angehört, sondern mehrere Religionen nebeneinander

Eine der ältesten Bonsai-Darstellungen fand man 1971 100 Kilometer nord-westlich von Xinan (China) in einem Grab der Tang-Dynastie (618 bis 907 n. Chr.). Auf einer Wandmalerei im Grab des Kronprinzen Zhang Huai (654 bis 684 n. Chr.) trägt eine Hofdame einen Penjing mit Magno-lien oder Hibiskus.

praktizieren kann. Der Buddhismus wurde als allgemeinverbindlicher Grund-satz anerkannt und der Shinto, die alte ja-panische Naturreligion, als seine typisch japanische Erscheinungsform betrachtet. Japaner, die shintoistische Heiligtümer aufsuchen, fühlen sich, wenn sie in die Hände klatschen, intuitiv in vollkomme-ner Harmonie mit der Natur und der Gott-heit.

In der nachfolgenden langen Zeit der Ab-geschlossenheit des Landes führten die Japaner die Bonsai-Kunst zur höchsten Vollendung. Aus der Armut des Landes an Bodenschätzen entwickelte sich bei den Japanern die Liebe zur Einfachheit. Die Su-che nach Perfektion in der Einfachheit und nach Schönheit in der Schlichtheit wurde idealisiert. Deutlich wird diese Ein-stellung an einer auf den ersten Blick so

Häufig findet man auf al-
ten japanischen Holz-
schnitten (Surimono) Dar-
stellungen mit Bonsai.
Hier eine Geisha mit
einer kleinen Mädchen-
Kiefer. Der Surimono ist
im ukiyo-e-Stil gestaltet
und dürfte Anfang des
19. Jahrhunderts entstan-
den sein.

profanen Verrichtung wie der Teezuberei-
tung, die die Japaner zu einer eigenen
Kunstform stilisierten. Aber gerade in der
Teezeremonie findet man einen wichtigen Aspekt für die Bonsai-Gestaltung.
Selbst der Unruhigste muß sich in Geduld
fassen und der Feurigste sich zur Ruhe
bringen.
Geduld muß aufgebracht werden, will
man dem Bonsai Zeit lassen, sich zu

einem Kunstwerk zu entwickeln. Ruhe
muß einkehren bei allen Arbeiten, die an
dem Baum verrichtet werden, um ihn auf
seinem Weg zur Vollkommenheit zu unterstützen.
Andererseits spiegelt Bonsai einen wichtigen Aspekt japanischen Kunstverständ-
nisses wider. Bei einem Kunstwerk machen nicht die Größe oder das Gewicht
des Materials die Schönheit aus, sondern

die Liebe, mit der sich der Künstler über sein Werk neigt. Der Bonsai-Künstler gibt dem Baum während jahrelanger Arbeit etwas von seiner Seele. Er bringt sich selbst in das Kunstwerk Bonsai ein, was der erfahrene Betrachter zu erkennen vermag. Bonsai ist somit auch Mittler zwischen den Menschen. Es kann niemals der materielle Wert sein, der einen Bonsai wertvoll macht, sondern der ideelle Wert ist es, den er für seinen Gestalter darstellt.

Die Harmonie zwischen der Schale (jap. bon) und der Pflanze (jap. sai) ist höchstes Ziel der Gestaltung. Nur in der perfekten Abstimmung zwischen Baum und Schale

zeigt sich der wahre Bonsai-Meister. Aber auch hier gilt nicht richtig oder falsch, sondern immer nur ein mehr oder weniger gut geeignet. Entscheidend ist die gefühlvolle Ausdruckskraft, die es zu entdecken heißt.

Bonsai und die Welt

Seit Ende des vergangenen Jahrhunderts trat die Bonsai-Kunst ihren Siegeszug über die ganze Welt an. In Europa erregten Bonsai anläßlich der Weltausstellung in Paris (1878) zum ersten Mal Aufsehen. Im japanischen Pavillon standen die Menschen staunend vor den kleinen Kunstwerken.

Aber erst nach dem Zweiten Weltkrieg fand Bonsai größere Verbreitung in der Welt. Clubs wurden nach und nach in allen Ländern Europas gegründet. Nicht zuletzt die unermüdliche Öffentlichkeits-

Der Penjing auf einem Marmortablett stellt mehrere Felseninseln in einem See dar. Hier kommt es weniger auf die Pflanzen, sondern vielmehr auf die Gestaltung der Felsen an. (Bonsai-Show Shanghai)

arbeit der Clubs machte Bonsai auch in breiteren Bevölkerungskreisen populär. Man darf dabei aber nicht vergessen, daß es damit zu einem Aufeinanderprallen von zwei sich widersprechenden Kulturen kommt. Allein schon das westliche Kunstverständnis hat nichts mit Bonsai zu tun. Man kann zwar auch auf Bonsai die Prinzipien des Goldenen Schnitts oder das Zahlensystem des FIBONACCI anwenden. Während aber europäische Künstler eher kopfgesteuerten Prinzipien folgen, arbeitet der japanische Künstler intuitiv nach dem Vorbild der Natur.

Deutlich wird das bei der Gartengestaltung. In einem Garten im französischen Stil begegnet man auf Schritt und Tritt der Schaffenskraft des Menschen. Ein Japaner ist erst mit seinem Werk zufrieden, wenn man seine Lenkung der Natur nur erahnt. Im japanischen Garten ist jeder Baum und

In einem japanischen Garten (Takamatsu auf Shi-koku) sind die Bäume so gestaltet, daß sie sich in die umgebende Landschaft einpassen.

Strauch gestaltet, aber dennoch ist er ein überzeugender Teil der Natur und nicht die bloße Darstellung von Natur.

Auf allen Kontinenten hat Bonsai viele Anhänger gefunden. Bonsai ist somit eine friedliche, die Welt umspannende Bewegung geworden. Vor einigen Jahren haben sich sogar die nationalen Bonsai-Clubs der ganzen Welt unter dem Dach einer großen Organisation, der World-Bonsai-Association, zusammengefunden.

Der Begriff Bonsai kann mittlerweile als allgemeinverständlicher Begriff betrachtet werden. Selbst in den Duden ist der Begriff Bonsai seit einigen Jahren aufgenommen.

Die Vorbilder kommen aus der Natur

Häufig finden Kinder einen ganz natürlichen Zugang zu Bonsai.

Die Gestaltung von Bonsai kann immer nur mit dem Baum erfolgen und sollte niemals gegen den Baum gerichtet sein. Es mag manchmal reizvoll sein, dem Baum eine skurrile, virtuose Form zu geben. Aber hier beginnt sicher die gefahrvolle Gratwanderung zwischen der Achtung vor dem Lebewesen Baum und dem Geltungsbedürfnis des Gestalters.

Ich denke, man sollte sich bei der Gestaltung eines Bonsai bemühen, alles herauszuarbeiten, was in dem Baum an Möglichkeiten steckt. Falsch ist es aber auf der anderen Seite, wenn der Gestalter dem Baum nur sein Formverständnis aufzwingen will. Erst nach langer, intuitiver Beschäftigung mit dem Baum kann sich bei dem Gestalter eine Vorstellung entwickeln, welche Gestalt dem Baum angemessen ist. Die Techniken der Bonsai-Gestaltung sind Hilfsmittel, welche man erlernen kann, ihre Anwendung darf aber nicht Selbstzweck werden.

Auch die Natur gestaltet Bäume

Jede Baumart hat eine artspezifische Bandbreite an möglichen Formen. In der freien Natur sind es die verschiedenen äußeren Einflüsse, die einem Baum seine spezielle Gestalt gegeben haben. Schaut man sich einen Baum in der Natur an, so haben die an seinem Standort herrschenden Bedingungen, wie zum Beispiel Wärme, Kälte, Wind und Niederschlag, ihn viele Jahre geformt und zu einem Individuum werden lassen.

In welcher Form der Baum dann letztendlich auch überleben konnte, wurde außerdem in nicht unerheblichem Maße von seinem inneren Bauplan bestimmt. Widerspricht die Form vollständig seinem inneren Bauplan, wird der Baum sterben. Ist aber die spezielle Form in seiner genetischen Bandbreite als akzeptabel vorgesehen, wird er auch in einer Extremform weiterleben können.

Man schaue sich also Bäume in der Natur auch an Extremstandorten wie dem Hochgebirge an und lerne aus dem Gesehenen. Schon bald entwickelt man ein Gespür für die genetische Bandbreite der verschiedenen Baumarten.

Das gilt vor allem für die erreichbaren Baumformen und die dafür anzuwendenden Gestaltungstechniken, wie zum Beispiel Entrindungsmethoden. Auf Dauer werden zum Beispiel nur die Baumarten mit großen entrindeten Stammpartien überleben, deren Holz durch Einlagerung von Gerbstoffen von Natur aus widerstandsfähig ist. Entsprechend sind für solche Methoden nur langlebige Arten geeignet, wie zum Beispiel Kiefern, Wacholder, Zypressen, Scheinzypressen, aber auch Eichen. Kurzlebige Arten wie Birken oder Weiden sind dafür ungeeignet. Hier muß darauf geachtet werden, daß sich eine größere Wunde gut verschließen kann. An solchen Bäumen müssen größere Wunden, ab Bleistiftdurchmesser, immer mit einem Wundverschlußmittel abgedeckt werden.

Grundsätzlich kann man sagen, je extremer eine Gestaltung sein soll, um so sorgfältiger muß die Baumart ausgewählt wer-

Das genaue Betrachten von Vorbildern in der Natur gibt Anregungen für die Bonsai-Gestaltung.

den. Bei den fünf in diesem Buch vorgestellten Grundstilarten sind die Kaskade, aber auch die Besenform die extremsten Gestaltungsformen. Für beide Formen eignen sich längst nicht alle Baumarten. Einige der Baumarten, die für die jeweilige Grundstilart geeignet sind, sind bei der Besprechung der Grundstilarten aufgelistet. Aber es gibt sicher auch andere Baumarten, die verwendet werden können. Eine Entscheidungshilfe ist hier das aufmerksame Betrachten von Bäumen in der freien Natur.

Die Größe der Blätter muß zur Kleinheit des Bonsai passen

Für die Bonsai-Gestaltung ist natürlich auch die Größe der Blätter von besonderem Interesse. Ein Bonsai stellt um so überzeugender einen großen Baum dar, je besser die einzelnen Baumteile mit der Kleinheit der Darstellung harmonieren. Im nächsten Kapitel »Die häufigsten Bonsai« gebe ich bei den einzelnen Baumarten die Größe der Blätter in Zentimetern an. Dabei ist der kleinere Wert die erreichbare Minimalgröße, während der größere Wert die Maximalgröße der Blätter angibt. Daraus ergibt sich auch die Größe, in der der Bonsai gestaltet wird. Großlaubige Arten wird man wohl kaum überzeugend als Miniatur-Bonsai gestalten können. Will man die Minimalgröße der Blätter erreichen, muß entsprechend vorsichtig mit stickstoffhaltigen Düngern umgegangen werden. Aber auch eine entsprechend gute Versorgung mit Licht fördert die Kleinheit der Blätter. Große Blätter entwickeln sich hingegen bei schlechteren Lichtwerten und starker Stickstoffdüngung. Kommt man deutlich unter den Minimalwert der Blattgröße, zahlt man häufig den hohen Preis des Baumverlustes, weil der Baum unterversorgt ist. Manchmal hilft bei der Verkleinerung der Blätter auch ein Blattschnitt. Ein Blattschnitt macht aber nur Sinn, wenn nicht gleichzeitig mit viel Stickstoff gedüngt oder der Bonsai bei ungenügender Versorgung mit Licht wachsen soll.

Bei Baumarten, die nicht in der Pflanzenliste aufgeführt sind, hilft auch wieder das Betrachten von Bäumen in der freien Natur. An jedem Baum findet man Blätter unterschiedlicher Größe. Die kleinsten Blätter, die Sie an dem großen, ausgewachsenen Baum in der freien Natur entdecken können, haben die Minimalgröße, die Sie bei einem Bonsai durch entsprechende Pflegemaßnahmen erreichen können.

Hilfen für den Bonsai-Kauf

Der Kauf eines Bonsai will immer gut überlegt sein, kann es sich doch um eine nicht unerhebliche Investition handeln. Es gibt zwar einige sachliche Gesichtspunkte, nach denen man die Güte eines Bonsai bewerten kann, dennoch ist die Kaufentscheidung immer eine subjektive Angelegenheit.

Ein anderer wichtiger Aspekt ist das Preis-Leistungs-Verhältnis. Bei Bäumen der untersten Preisklasse bis 100 DM handelt es sich immer um recht junge Pflanzen, die in großen Mengen produziert werden. Mit etwas Glück kann man hier aber einige für die Zukunft recht vielversprechende »Jung-Bonsai« finden. Bäume dieser Preisklasse eignen sich gerade für den Anfänger, um die grundsätzlichen Pflege- und Gestaltungstechniken zu üben. Andererseits wird es meist wohl nie so recht gelingen, aus solchen Bäumen ein echtes Bonsai-Kunstwerk zu schaffen.

In der unteren Mittelklasse bis 500 DM sind die Bäume schon einige Jahre älter und auch eher als Bonsai zu bezeichnen. Aber auch hier sollte man seine Erwartungen nicht zu hoch schrauben. Auch in sol-

Check-Liste für den Bonsai-Kauf

Die folgenden Fragen und Tips können Ihnen helfen, die richtige Kaufentscheidung zu treffen:

A. Vor dem Kauf zu bedenken!
1. Ist der Bonsai als Geschenk oder für mich selbst gedacht?
2. Mit welchen Bonsai-Pflanzenarten hat der Neu-Bonsai-Besitzer schon Erfahrungen gesammelt?
3. Für welchen Standort ist die Pflanze gedacht? Soll es ein Zimmer- oder ein Freiland-Bonsai sein?
4. Ist für eine entsprechende Versorgung des Bonsai während des Urlaubs gesorgt?

B. Die ersten Entscheidungen!
1. Macht der Baum einen gesunden Eindruck? Sehe ich vielleicht sogar Schädlinge?
2. Wie gefällt mir der Baum ganz subjektiv?
3. Könnte ich mir diese Baumform so in der freien Natur vorstellen?
4. Wie gefällt mir die Schale? Paßt sie subjektiv zu dem Baum? Wenn nicht, werden Sie sicher eine besser geeignete bei dem Händler kaufen können.

C. Beim genauen Hinsehen zu erkennen!
1. Ist der Baum gut eingewurzelt oder wurde er gerade erst umgetopft? Der Wurzelballen sollte kompakt sein. Auskunft darüber erteilt der Händler!

2. Ist der Bonsai noch eingedrahtet? In diesem Fall sollte man bei der Kaufentscheidung den Händler bitten, den Draht gegen ein Entgelt zu entfernen. Wenn der Draht bereits eingewachsen ist, sollte man von dem Kauf Abstand nehmen.

3. Streben die Wurzeln am Wurzelhals (Übergang zwischen Wurzeln und Stamm) gleichmäßig nach allen Seiten weg? Unter Umständen ist ein sehr schöner Wurzelhals nur durch die Erde verdeckt.

4. Verjüngt sich der Stamm gleichmäßig zur Spitze hin? Wenn der Baum einfach nur durch Abschneiden des langen Stammes klein gemacht wurde, erkennt man das an einer harten Schnittstelle. In vielen Fällen kann man diese Schnittstelle schräg anschneiden und einen Ast zur neuen Spitze hochdrahten, so daß die Stammverjüngung überzeugender ist.

5. Bei gebogenen Stämmen: Führt der Stamm in unruhigen Hin- und Herbewegungen zur Spitze? Der Stamm sollte in ruhigen, gleichmäßigen Schwüngen nach rechts, links, vorne und hinten zur Spitze gelangen.

6. Macht der Stand des Baumes einen ruhigen, sicheren Eindruck? Haben Sie optisch das Gefühl, der Baum könnte gleich umfallen?

che Bäume muß man noch einige Jahre intensive Arbeit und einiges Geschick investieren, um einen guten Bonsai zu schaffen.
Die gehobene Mittelklasse bis 1500 DM umfaßt schon recht gute Bonsai, die in den nächsten Jahren noch verbessert werden sollten. Hier findet man mit etwas Glück schon kleine Bonsai-Kunstwerke. Klein bezieht sich in diesem Fall nicht auf die Höhe des Baumes und die Dicke des Stammes, sondern auf die Qualität.
Bonsai-Kunstwerke beginnen erst oberhalb der 1500 DM-Grenze. Echte Bonsai-Solitäre der Spitzenklasse werden für

Blick in die Verkaufsausstellung eines Bonsai-Meister-Betriebes in Japan.

viele tausend DM gehandelt, wobei die Grenze nach oben hin völlig offen ist. Es wechseln häufig Bonsai von mehreren 100 000 DM in Japan den Besitzer. Wobei der neue Besitzer den Baum meist weiterhin in dem Meister-Betrieb pflegen läßt, um ihn nur zu besonderen Anlässen bei sich zu Hause zu präsentieren.

Hier noch ein Wort zum Bonsai-Versandhandel: Der Versandhandel ist sicher eine Möglichkeit, um sich mit jüngeren Bonsai zu versorgen, wenn man keinen Fachhändler in seiner Nähe hat. Der wirkliche Bonsai-Freund wird aber immer seinen Baum persönlich aussuchen. Der Baum muß in erster Linie den neuen Besitzer subjektiv ansprechen, wobei die kleinen Unterschiede zwischen gleichartigen Bäumen immer stark ins Gewicht fallen. Man kann mittlerweile Bonsai auch in normalen Gartencentern und sogar in Kaufhäusern kaufen. Aber wie steht es hier mit der Beratung? Können die Beschäftigten dieser Betriebe Ihnen nicht nur bei Pflegeproblemen helfen, sondern auch bei Gestaltungsschwierigkeiten? In Einzelfällen kann man die Fragen mit Ja beantworten, in den meisten Fällen aber nicht. Allzu häufig werden zum Beispiel Kiefern als Zimmer-Bonsai verkauft, die dann im Zimmer unweigerlich eingehen. Spätestens beim Kauf eines Bonsai der gehobenen Mittelklasse sollte man den Bonsai-Fachhandel aufsuchen. Hier findet man meist die richtige Beratung und bei Problemen mit dem Bonsai auch Hilfe. Häufig bieten Fachgeschäfte auch eine Urlaubspflege oder sogar Überwinterungsmöglichkeiten für Freiland-Bonsai an.

Die häufigsten Bonsai

Bonsai sind keine speziell für diesen Zweck gezüchteten Pflanzen. Der Name »Bonsai« meint lediglich die Kunst, Bäume, die in der freien Natur zu teilweise imposanter Größe heranwachsen, in Miniaturgröße in Schalen nachzuformen. Entsprechend eignet sich grundsätzlich jede verholzende Pflanzenart für die Gestaltung zum Bonsai.

Bei der Auswahl der Pflanzen ist es wichtig, einige Grundsätze zu beachten. Die Pflanzenart sollte eine zur Größe des Bonsai passende Blattgröße haben. Erfahrungsgemäß lassen sich auch große Blätter im Laufe der Zeit bei einem Bonsai verkleinern. Man schaue sich dabei die gleiche Baumart in der Natur an. Die Blätter lassen sich durch entsprechende Pflege auf etwa die Größe der kleinsten Blätter, die Sie an dem Baum in der freien Natur finden, reduzieren.

Blühende Bäume werden vielfach wegen ihres attraktiven Aussehens in der Blütezeit als Bonsai gestaltet. Hier werden vielfach auch größere Blätter akzeptiert, wenn die Blüten im Frühjahr vor den Blättern erscheinen oder diese verdecken.

Bei fruchtenden Arten ist zu bedenken, daß die Früchte der Kleinheit des Bonsai entsprechen. Hier weicht man entweder auf die Wildformen oder spezielle Zuchtformen aus, da diese meist kleinere Früchte haben. Durch die Pflege als Bonsai lassen sich die Früchte nicht verkleinern. Ein Bonsai aus einem Boskop-Apfelbaum bekommt die typischen großen Früchte dieser Zuchtform.

In diesem Kapitel werden die für die Bonsai-Kunst geeignetsten Baum- und Straucharten vorgestellt. Die hier aufgelisteten Arten kann man meist problemlos auch als fertigen Bonsai käuflich erwerben. Die Liste erhebt nicht den Anspruch auf Vollständigkeit. Natürlich gibt es noch viel mehr Arten, die sich für Bonsai eignen.

Die Baum- und Straucharten sind zwar nach ihren botanischen Namen geordnet, als Überschrift wird aber der deutsche Name genannt. Es können auch mehrere Arten einer Pflanzenfamilie in einer Beschreibung zusammengefaßt sein. Ihre Pflege ist dann übereinstimmend.

Bei jeder Pflanzenart finden Sie unter den Stichworten Standort, Gießen, Düngen, Erde, Umtopfen und Formgebung alle Informationen, die Sie für die erfolgreiche Pflege Ihres Bonsai benötigen. Zusätzliche wichtige Merkmale der Pflanzenart finden Sie in der jeweiligen Einleitung.

Besonders ist hier der Standort des jeweiligen Bonsai zu beachten (siehe auch Seite 81). Ich verwende die Begriffe Zimmer-Bonsai, Kalthauspflanze und Freiland-Bonsai. Im Sommer sind alle Arten für einen Standort im Freien dankbar.

Zimmer-Bonsai müssen ab einer Außentemperatur unter 15 °C in einem wärmeren Zimmer aufgestellt werden, da diese Bäume ihrer tropischen Heimat entsprechend tiefere Temperaturen ohne Schaden nicht ertragen können.

Kalthauspflanzen haben ihre Heimat in mediterranen Klimabereichen. Sie müssen in einem kühlen (unter 15 °C), aber frostfreien Raum überwintert werden.

Freiland-Bonsai sind Pflanzen aus den gemäßigten Breiten. Sie können das ganze Jahr über im Freien stehen. Lediglich bei Frostgraden unter −5 °C ist ein Frostschutz erforderlich. Auf keinen Fall dürfen sie im Winter wärmer als bei +10 °C stehen, da sonst ihre Winterruhe aufgehoben werden kann.

Dreispitzahorn

Freiland-Bonsai

Acer buergerianum
Jap.: Kaede

Wie der Fächerahorn gehört der Dreispitzahorn zu den beliebtesten Laub-Bonsai. Die kleinen, in drei kurze, zugespitzte Lappen auslaufenden Blätter gaben dieser Baumart den deutschen Namen.

Die Borke ist grau, nur wenig rissig und blättert nach einigen Jahren in unregelmäßigen Platten ab. Diese Erscheinung gibt dem älteren Stamm eine schöne Scheckung in verschiedenen Grautönen.

Da die Wurzelbildung recht stark ist, kann man mit etwas Geschick einen schönen Wurzelhals herausarbeiten. Übereinanderliegende Wurzeln verwachsen nahe der Stammbasis sogar zu einem regelrechten Wurzelteller. Es gibt Exemplare, deren Wurzelteller fast die Hälfte der Schalenoberfläche bedecken.

Seine große Wuchskraft, die ihn in jedem Jahr stark durchtreiben läßt, macht den Dreispitzahorn besonders für Anfänger interessant. Ein vielleicht falsch herausgeschnittener Ast läßt sich meist innerhalb weniger Jahre wieder vollständig neu aufbauen.

Für den Bonsai-Freund interessante Sorten sind:

Bei *Acer buergerianum* var. *formosanum* sind die drei Lappen der Blätter nicht so deutlich ausgeprägt. An der Basis sind die Blätter herzförmiger als bei *Acer buergerianum*.

Acer buergerianum var. *ningpoense* hat stärker seitwärts gerichtete Blattlappen. Auch sind die Blätter mehr blaugrün und angedrückt behaart.

Acer buergerianum 'Arakawa' hat eine tiefrissige, starkborkige Rinde.

Als Alternative zum Dreispitzahorn eignen sich auch unser Feldahorn (*Acer campestre*) und der Französische Ahorn (*Acer monspessulanum*) für die Bonsai-Gestaltung. Beide Arten sind in Baumschulen zu erwerben.

Der Feldahorn (*Acer campestre*) ist mit bis zu 20 Metern Höhe die kleinste bei uns heimische Ahornart. Seine gute Schnittverträglichkeit zeigt sich in seiner häufigen Verwendung als Heckenpflanze. Die Rinde ist graubraun, gefeldert und besonders im Alter mit orangefarbenen Furchen versehen. Häufig bildet sich auch eine starkkorkige Rinde aus. Die dunkelgrünen Blätter sind drei- bis fünflappig mit abgerundeten Spitzen und vier bis zwölf Zentimeter lang. Bei abgeschnittenen Blättern fließt aus dem Blattstiel Milchsaft. Der Französische Ahorn (*Acer monspessulanum*) gleicht dem Feldahorn, hat aber mit 3,5 Zentimeter Breite viel kleinere Blätter. Die Blätter sind dreilappig und bleiben bis zum Laubfall dunkelgrün.

Standort: Der Dreispitzahorn sollte im lichten Schatten stehen. Im Winter sind die Wurzeln vor Frösten unter −5 °C zu schützen. Die oberirdischen Teile sollten vor kalten, trockenen Winden geschützt werden.

Gießen: Wegen der Laubfülle und der kräftigen Wurzelbildung benötigt der Dreispitzahorn recht viel Wasser. An heißen Sommertagen kann ein mehrmaliges Gießen notwendig sein. Staunässe ist aber in jedem Fall zu vermeiden.

Düngen: Düngebeginn ist nach dem Austrieb im Frühjahr und endet mit einsetzender Herbstfärbung. Gedüngt wird alle zwei Wochen mit einem Flüssigdünger oder mit Kugeldünger.

Erde: Grunderdmischung.

Umtopfen: Wegen der starken Wurzelbil-

Dreispitzahorn (*Acer buergerianum*) in frei aufrechter Form. Deutlich ist die Form eines ungleichschenkligen Dreiecks im Kronenaufbau zu
erkennen.
(Besitz: Gruga-Park Essen)

dung alle zwei bis drei Jahre im zeitigen Frühjahr.

Formgebung: Ist der Baum noch jung, soll er einen dickeren Stamm, kräftigere Äste und eine feinere Verzweigung bekommen. Die neuen Triebe läßt man auf sechs bis acht Blattpaare heranwachsen und schneidet dann auf zwei Blattpaare zurück, wobei die Blattflächen des letzten stehengelassenen Blattpaares ebenfalls entfernt werden. Bald fallen die noch vorhandenen Blattstiele ab und aus den Blattachseln wachsen neue Triebe hervor. Auch diese läßt man lang auswachsen und verfährt dann wie beim ersten Schnitt.

Stamm und Äste nehmen schon innerhalb einer Wachstumsperiode deutlich an Dicke zu. An großen Blättern werden während der ganzen Wachstumszeit die Blattflächen entfernt, die Blattstiele aber stehengelassen. Auch hier erfolgt ein neuer Austrieb, diesmal aber mit kleineren Blättern.

Die Überarbeitung der Form erfolgt im zeitigen Frühjahr, noch bevor sich die Knospen regen. In dieser Zeit können gefahrlos auch dickere Äste entfernt werden.

Eventuell erforderliches Drahten erfolgt im späteren Frühjahr, wenn die Äste und Zweige wieder elastischer geworden sind, oder nach einem vollständigen Blattschnitt etwa Mitte Mai. Der Draht muß meist bereits nach einem halben Jahr wieder entfernt werden, da er dann meist einzuwachsen beginnt.

Zur Ausbildung eines stärkeren Wurzelhalses können in den Stamm mit einem scharfen Messer kleine Einschnitte kurz über der Erdoberfläche gemacht werden. Die Schnitte sollten zumindest bis ins Kambium reichen. Dieser Bereich wird mit feuchtem Moos und Erde abgedeckt und immer feucht gehalten. Nach etwa einem halben Jahr sind die Wunden verheilt und aus dem Wundgewebe sprießen neue Wurzeln hervor. Das gleiche kann man auch bei dickeren Wurzeln machen, um einen stärker ausgeprägten Wurzelteller zu erhalten.

Fächerahorne

Freiland-Bonsai

Acer palmatum und Sorten
Jap.: Momiji und Yama-momiji

Der Fächerahorn und die etwa 500 daraus abgeleiteten Zuchtformen gehören sicherlich zu den schönsten Laub-Bonsai. Die gegenständigen Knospen bzw. Blätter und paarigen, geflügelten Samen sind die typischen Merkmale aller Ahorne. Die Blätter des Fächerahorns sind bis tief unter die Mitte in fünf bis elf zugespitzte Lappen gespalten. Besonders schön sind beim Fächerahorn der Frühjahrsaustrieb und die farbenprächtige Herbstfärbung mit ihrer großen Vielfalt an Rottönen.

Je nach Sorte ist die Borke glatt oder tiefrissig. Bei der Art ist die Rinde glatt und dunkelgraubraun mit einem lederfarbigen Streifenmuster.

Besonders interessant sind die Sorten:
'Atropurpureum' mit schwarzroten Blättern.

'Bicolor' (jap.: Shigara yama), dessen fünflappige Blätter im Austrieb blutrot sind. Die Blätter grünen später aus, haben aber große rote Flecken.

'Corallinum' (jap.: Senkaki) hat eine korallenrote Rinde an jungen Trieben.
'Osakazuki' hat einen rosabraunen Austrieb und eine Herbstfärbung in Orange und Karminrot.
'Shishi-gashira' hat zwar dicke, knotige Äste, aber kleine Blätter, deren Spitzen korallenförmig nach unten gebogen oder sogar schneckenförmig gewunden sind. Auch die vielen schlitzblättrigen Sorten

Fächerahorn *(Acer palmatum)* in Besenform. Gut herausgearbeitet ist der Wurzelhals.
(Besitz: Bonsai-Zentrum Schinznach, Schweiz)

'Dissectum' eignen sich gut für Bonsai. Allgemein kann man sagen, je feingeschlitzter die Blätter sind, um so langsamer und feintriebiger wächst die Sorte.

Standort: Fächerahorne lieben den Halbschatten. Ist der Standort vollsonnig, kann es recht leicht zu Verbrennungen an den Blattspitzen und -rändern kommen. Im Winter ist ein frostfreier Standort zu empfehlen, der nicht wärmer als +8 °C wird.

Gießen: Wegen der Laubfülle ist die Wasserverdunstung im Sommer recht hoch. Die Erde sollte immer feucht gehalten, Staunässe aber vermieden werden. Im Winter sollte der Wurzelballen gleichbleibend mäßig feucht gehalten werden. Die Erde darf niemals ganz austrocknen.

Düngen: Nach dem Austrieb bis zur Herbstfärbung alle 14 Tage mit einem Flüssigdünger oder Kugeldünger. Beginnt man mit dem Düngen vor dem Austrieb, führt das zu großen Blättern.

Erde: Grunderdmischung.

Umtopfen: Bis zehnjährige Bäume jedes Jahr, danach alle zwei bis drei Jahre im zeitigen Frühjahr, bevor die Knospen anschwellen.

Formgebung: Je nachdem, wie weit sich der Baum schon zum Bonsai entwickelt hat, werden verschiedene Methoden angewendet.
1. Bei ganz jungen Bäumen ist das Ziel, einen dicken Stamm mit starken Ästen und feiner Verzweigung anzustreben. Dazu läßt man die neuen Triebe bis auf sieben oder acht Blattpaare wachsen und schneidet dann auf zwei bis drei Blattpaare zurück.

Oben: Im Frühjahr werden die Triebe eingekürzt und die Blattflächen größerer Blätter entfernt. Bald werden die Blattstiele trocken und fallen ab. Aus den Achselknospen wachsen neue Triebe mit diesmal kleineren Blättern.

Mitte: Ist das Zweigstück bis zu den Blättern zu lang, wird der Zweig ganz entfernt.

Unten: Am Zweigansatz befinden sich Nebenknospen, die mit geringeren Blattabständen und kleineren Blättern austreiben.

2. Kommt der Bonsai seiner endgültigen Form schon recht nahe, läßt man auf sieben bis acht Blattpaare wachsen und

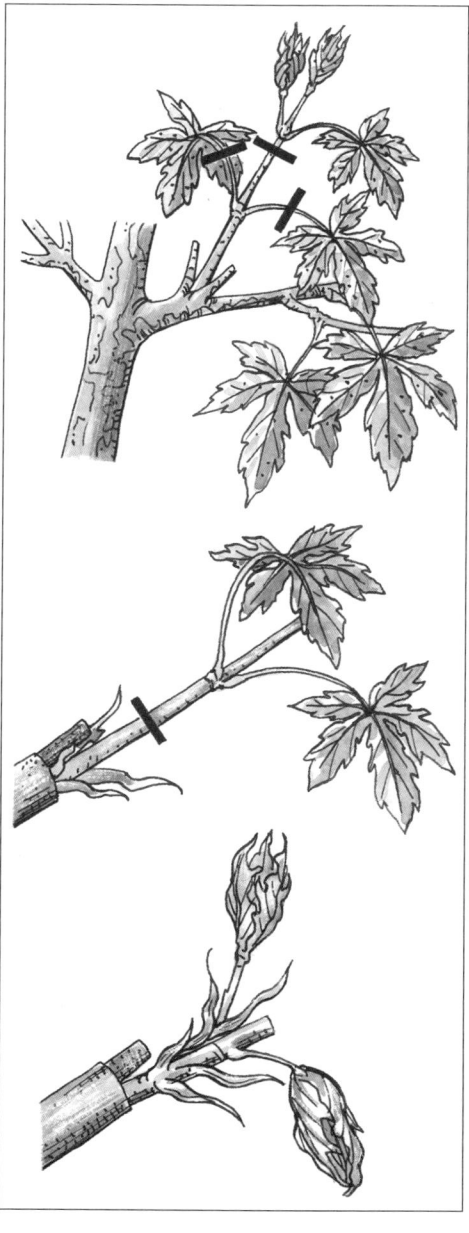

schneidet dann auf ein bis zwei Blattpaare zurück. Sind die Abstände zwischen den Blättern zu groß, wird der Trieb vollständig entfernt. Aus schlafenden Augen treibt der Baum mit kürzeren Blattabständen und kleineren Blättern neu aus.
3. Bei fertigen Bonsai wird nur noch die erreichte Form erhalten. Sobald sich die Knospen öffnen, werden zwischen den ersten beiden Blättern die jungen Triebspitzen mit einer Pinzette oder den Fingern herausgezupft. Die Blattabstände bleiben kurz und die Blätter klein.
Alle vier bis fünf Jahre sollte der fertige Bonsai vor dem Anschwellen der Knospen ausgedünnt werden, um Licht und Luft in den Baum zu lassen. Dabei können auch die Form störende dickere Äste ohne Gefahr für den Baum entfernt werden.
Eventuell notwendiges Drahten führt man entweder im zeitigen Frühjahr, wenn die Äste wieder elastischer werden, oder nach einem Blattschnitt im Sommer durch. Der Draht muß bereits nach sechs bis zwölf Monaten wieder entfernt werden, da er sonst einzuwachsen beginnt. Einen vollständigen Blattschnitt kann man an gesunden Bäumen im Frühsommer vornehmen. Ich rate dazu, einen Blattschnitt nicht in jedem Jahr durchzuführen. Jeder vollständige Blattschnitt schwächt natürlich unweigerlich den Bonsai.

Fukien-Tee

Zimmer-Bonsai

Carmona microphylla

Bei den Freunden von Bonsai für das Zimmer erfreut sich dieser immergrüne kleine Laubbaum weiterhin wachsender Beliebtheit. Die meisten der im Handel erhältlichen Pflanzen werden aus seiner Heimat China importiert.
Die kleinen dunkelgrünen Blätter haben auf der Blattoberseite kleine weiße Haare. Die zierlichen weißen Blüten erscheinen das ganze Jahr über. Aus befruchteten Blüten entwickeln sich zunächst grüne, später rote Beeren.
Da die neuen Triebe immer ganz gerade wachsen, bekommt der kleine Baum ein sparriges Aussehen. Schneidet man die aufeinanderfolgenden Triebe, so ergibt sich bald ein recht unnatürliches Zickzackmuster. Für eine harmonischere Form kommt man nicht umhin, die Triebe zu drahten.

Standort: Der Fukien-Tee liebt einen hellen Standort, aber nicht in der prallen Sonne. Er kann zwar das ganze Jahr über in einem geheizten Zimmer stehen, ist jedoch im Hochsommer für einen Standort im Freien dankbar. Ein halbschattiger Standort auf einem Balkon oder einer Terrasse ist ideal.

Gießen: Die Erde sollte immer gleichmäßig feucht gehalten werden, wobei Staunässe zu vermeiden ist. Der Fukien-Tee übersteht zwar kürzere Trockenperioden, wirft aber dabei einen Teil seiner Blätter ab.

Düngen: Vom Frühjahr bis zum Herbst alle zwei Wochen, im Winter alle vier Wochen mit Flüssigdünger.

Erde: Grunderdmischung. Häufig stehen die im Handel erhältlichen Bäume in einer chinesischen Tonerde, die sehr stark verdichtet. Ist diese Erde einmal richtig

Fukien-Tee *(Carmona microphylla)* wie sie in jedem Bonsai-Fachgeschäft zu finden ist. Die etwas sparrige Form der Äste ist ein typisches Merkmal des Fukien-Tee.
(Besitz: Bonsai-Centrum Heidelberg)

trocken geworden, muß man die Schale in ein Wasserbad stellen, damit sie sich wieder weitgehend mit Wasser sättigen kann. In jedem Fall ist es besser, die Bäume schnellstmöglich in eine geeignetere Erde umzupflanzen.

Umtopfen: Alle zwei Jahre im Frühjahr mit einem normalen Wurzelschnitt.

Formgebung: Die Gestaltung des Fukien-Tees ist nicht ganz einfach und nicht nur durch den Schnitt zu erreichen.
Zunächst läßt man die neuen Triebe auf sechs bis acht Blätter wachsen und schneidet dann auf zwei bis drei Blätter zurück. Sind die Blattabstände recht weit, entfernt man den Trieb entweder ganz oder schneidet ihn auf ein Blatt zurück. Sinnvollerweise drahtet man die Triebe, bevor sie richtig verholzt sind. Verholzte Triebe brechen recht leicht, weshalb man beim Biegen sehr vorsichtig vorgehen muß. Nach vier bis sechs Monaten muß der Draht meist wieder entfernt werden. Bleiben die Triebe nicht in der gegebenen Form, müssen sie eventuell neu gedrahtet werden.

Hainbuchen

Freiland-Bonsai

Carpinus betulus
Carpinus cordata
Jap.: Sawa shide
Carpinus japonica
Jap.: Kuma shide
Carpinus laxiflora
Jap.: Aka shide
Carpinus tschonoskii
Jap.: Inu shide
Carpinus turczaninowii
Jap.: Iwa shide

Die Familie der Hainbuchen ist mit etwa 35 Arten auf der gesamten Nordhalbkugel der Erde recht weit verbreitet. Die kleinen Bäume oder größeren Sträucher haben meist einen gedrehten Stamm mit hervorstehenden Rippen und sehr hartes Holz. Die Hainbuchen sind mit den »echten« Buchen nicht verwandt, obwohl sie recht leicht mit diesen zu verwechseln sind. Während die Blätter der »echten« Buchen ganzrandig sind, weisen die Blattränder der Hainbuchen meist Zacken auf. Auch sind die Knospen der Hainbuchen rundlicher, während die Knospen der echten Buchen länglich, spitz zulaufend sind. Alle Hainbuchen sind gut schnittverträglich, was auch ihre Verwendung als Heckenpflanzen zeigt.
Die Gemeine Hainbuche *(Carpinus betulus)* ist die bei uns heimische Hainbuche. Ihre fünf bis zwölf Zentimeter langen Blätter sind schmal und laufen mehr oder weniger in einer Spitze aus. Die Herbstfärbung ist goldgelb. Die Borke ist glatt, grau und ein wenig rippig.
Die Herzblättrige Hainbuche *(Carpinus cordata)* gehört zu den schönsten *Carpinus*-Arten. Sie kommt aus Japan, Korea und der Mandschurei und ist dort ein langsamwüchsiger, mittelhoher Baum. Die Triebe sind im Austrieb fein behaart, werden aber bald kahl und bräunlich. Interessant ist auch die schuppige, braungraue Borke. Die Blätter sind sieben bis

zwölf Zentimeter lang, breit herzförmig und ungleich doppelt gesägt. Jeder Blattnerv (15 bis 20 Nervenpaare) läuft in eine borstenartige, feine Spitze aus.

Die Japanische Hainbuche *(Carpinus japonica)* zeigt eine schön gemusterte, hell graubraune, rissige Borke, die in großen Stücken abschilfert. Die fünf bis zehn Zentimeter langen Blätter sind im Austrieb rötlich, beiderseits weich behaart, ungleich gesägt, recht klein und mit gelber Herbstfärbung. Beide Merkmale machen sie für die Bonsai-Gestaltung sehr geeignet.

Die Rotblättrige Hainbuche *(Carpinus laxiflora)* ist der Japanischen Hainbuche sehr ähnlich, hat aber eine etwas hellere Rinde und vor allem eine leuchtend rote Herbstfärbung.

Die Seidenhaar-Hainbuche *(Carpinus tschonoskii)* hat schöne, vier bis neun Zentimeter lange, anfangs behaarte Blätter. Die Haare sind später nur noch auf den Blattnerven vorhanden. Die Borke ist gefurcht und grau.

Die Felsen-Hainbuche *(Carpinus turczaninowii)* wird in ihrer Heimat, den Bergen Nord-Chinas und Koreas, nur fünf Meter hoch. Junge Triebe und Blattstiele sind fein filzig behaart. Die Blätter sind drei bis fünf Zentimeter lang, rund bis fast eiförmig, in eine Spitze auslaufend und regelmäßig fein doppeltgesägt. Sie sind oberseits glänzend dunkelgrün mit seidigem Flaum auf beiden Seiten der Mittelrippe.

Standort: Ganzjährig an einem halbschattigen, hellen Standort. In der prallen Sonne neigen die Blätter zu Verbrennungen und werden dann schnell braun an den Blatträndern. Auch fällt an einem sonnigen Standort die Herbstfärbung nicht so leuchtend aus. Im Winter muß der Wurzelballen vor dem Durchfrieren geschützt werden.

Gießen: Der Wurzelballen sollte immer gut feucht gehalten werden. Die Wurzeln reagieren recht empfindlich sowohl auf Trockenheit als auch auf Staunässe.

Düngen: Damit die Blätter klein und die Blattabstände gering bleiben, beginnt man mit dem Düngen erst nach dem Austrieb. Ab Mitte September wird nicht mehr gedüngt.

Erde: Grunderdmischung mit guter Drainage.

Umtopfen: Alle zwei bis drei Jahre im Frühjahr, bevor sich die Knospen öffnen.

Formgebung: Die Knospen an den Spitzen der vorjährigen Triebe sind meist recht dick und bringen beim Austrieb lange Triebe hervor. Gleichzeitig werden die anderen Knospen im Austrieb gehemmt. Daher werden dickere Endknospen vor dem Austrieb ausgebrochen.

Die neuen Triebe läßt man zunächst wachsen, bis sie auszuhärten beginnen, und schneidet sie erst dann auf zwei bis drei Blätter zurück. Mit jedem weiteren Neuaustrieb wird in gleicher Weise verfahren. Ab Ende August wird nicht mehr geschnitten, damit die Triebe zum Winter hin aushärten können.

Gedrahtet wird vor dem Austrieb im Frühjahr, die neuen Triebe am besten im halbverholzten Zustand. Die Drahtung sollte immer gut beobachtet werden. Der Draht muß häufig schon nach einem halben Jahr wieder entfernt werden, da er häufig dann schon beginnt einzuwachsen.

Japanische Hainbuche *(Carpinus japonica)* im Frühjahrsaustrieb.
(Besitz: Bonsai-Centrum Heidelberg)

Scheinzypressen

Freiland-Bonsai

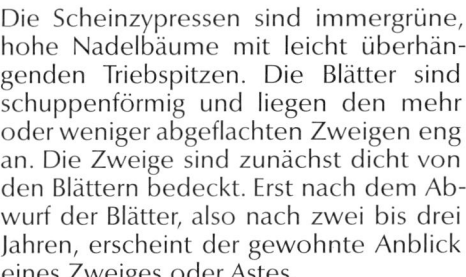

Chamaecyparis obtusa
Jap.: Hinoki
Chamaecyparis pisifera
Jap.: Sawara

Die Scheinzypressen sind immergrüne, hohe Nadelbäume mit leicht überhängenden Triebspitzen. Die Blätter sind schuppenförmig und liegen den mehr oder weniger abgeflachten Zweigen eng an. Die Zweige sind zunächst dicht von den Blättern bedeckt. Erst nach dem Abwurf der Blätter, also nach zwei bis drei Jahren, erscheint der gewohnte Anblick eines Zweiges oder Astes.
Von den sieben Arten sind für den Bonsai-Freund nur die Feuer-Scheinzypresse (*Chamaecyparis obtusa*), die Sawara-Scheinzypresse (*Chamaecyparis pisifera*) und einige daraus abgeleitete Zuchtformen von Interesse. Bei beiden Arten stehen die Zweige mehr oder weniger horizontal ab. Zu unterscheiden sind sie durch die Blattstellung und die Zeichnung auf der Blattunterseite:

	Chamaecyparis obtusa	*Chamaecyparis pisifera*
Blattstellung	stets fest anliegend	stets locker anliegend
Blattunterseite	hervortretende weiße Linien	längliche weiße Flecke

Außerdem sind bei *Chamaecyparis obtusa* die Kantenblätter viel größer als die Blätter auf der Zweigoberseite und -unterseite, während die Blätter bei *Chamaecyparis pisifera* fast gleich groß sind.

Standort: Im Sommer ist ein halbschattiger Standort zu wählen. Der Wurzelballen sollte im Winter vor dem Durchfrieren geschützt werden. Die Blätter werden bei eisigen, trockenen Winden leicht braun. Auch im Winter sollte ein heller Standort gewählt werden.

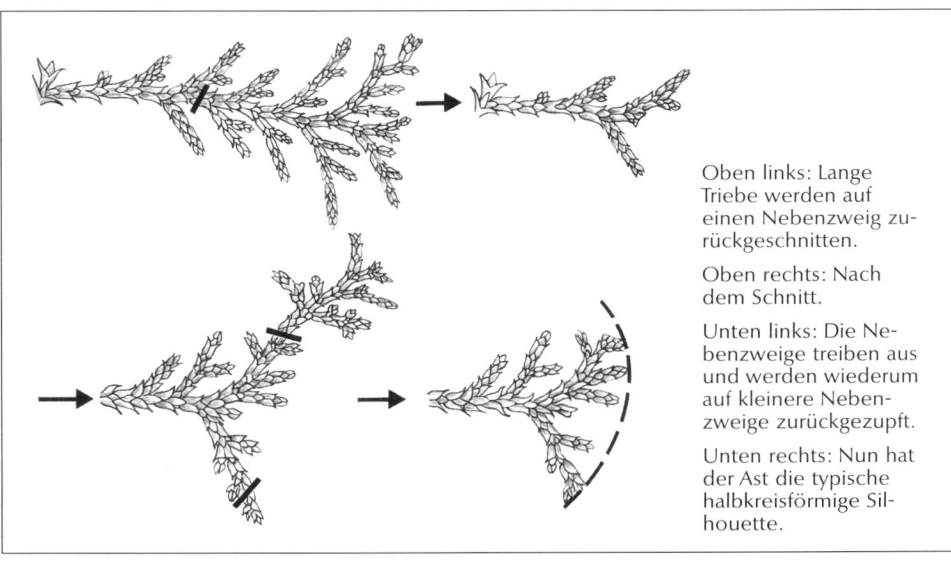

Oben links: Lange Triebe werden auf einen Nebenzweig zurückgeschnitten.

Oben rechts: Nach dem Schnitt.

Unten links: Die Nebenzweige treiben aus und werden wiederum auf kleinere Nebenzweige zurückgezupft.

Unten rechts: Nun hat der Ast die typische halbkreisförmige Silhouette.

Gießen: Die Scheinzypressen sind immer gut feucht zu halten, wobei aber Staunässe vermieden werden muß. Zur Erhöhung der Luftfeuchtigkeit werden die Bäume im Sommer regelmäßig übersprüht.

Scheinzypresse *(Chamaecyparis obtusa)* in streng aufrechter Form.
(Besitz: Bonsai-Zentrum Schinznach, Schweiz)

Düngen: Vom Austrieb bis Ende August alle vier Wochen mit einem Flüssigdünger oder mit Kugeldünger.

Erde: Kalkfreie Grunderdmischung.

Umtopfen: Im zeitigen Frühjahr alle zwei bis drei Jahre mit einem mäßigen Wurzelschnitt.

Formgebung: Zur Erhaltung der fächerförmigen Gestalt der Verzweigung wird der Neuaustrieb bis Ende August regelmäßig um zwei Drittel zurückgezupft. Begonnen wird mit dem Austrieb an der Spitze des Astes. Etwa nach einer Woche sind die Nebentriebe stärker gewachsen und werden nun zurückgezupft.

Auf keinen Fall werden grüne Triebe zurückgeschnitten. Mit der Schere würden immer einige der eng anliegenden Blätter angeschnitten und die Folge wären häßliche braune Triebspitzen. Beim Zupfen mit den Fingerspitzen werden keine Blätter verletzt und der Trieb sauber abgetrennt.

Lediglich dickere Triebe und Äste, die bereits ihre Blätter verloren haben, werden mit der Schere beschnitten. Die beste Zeit für einen Formschnitt ist das zeitige Frühjahr kurz vor dem Austrieb (siehe dazu Abbildung, Seite 28).

Zur Formkorrektur müssen die aufrecht wachsenden Triebe mit Draht in die waagerechte Form gebracht werden. Die belaubten Triebe werden dabei lockerer mit Draht umwickelt, um die Blätter nicht zu zerquetschen. Jedes fest eingedrahtete Blatt wird braun, so daß wir unansehnliche Drahtungsspuren bekommen.

Die beste Drahtungszeit ist im Februar und März. Der Draht wird nach etwa einem Jahr wieder entfernt. Wächst der Baum sehr stark, wird der Draht entfernt, sobald er einzudrücken beginnt.

Zierquitten, Zwergmispel, Quitte

Freiland-Bonsai

Chaenomeles japonica
Jap.: Ko boke
Chaenomeles speciosa
Jap.: Boke
Cotoneaster horizontalis
Jap.: Benishitan
Cydonia oblonga
Jap.: Karin

Alle hier beschriebenen Arten zeichnen sich nicht nur durch ihre gute Gestaltbarkeit aus, sondern zeigen auch attraktive Blüten und Früchte.

Die Zierquitten (*Chaenomeles*) sind sommergrüne Sträucher mit meist dornigen Zweigen. Die Blätter sind wechselständig angeordnet. Blüten erscheinen nur am vorjährigen Holz. Beim Schnitt muß man also darauf achten, daß immer ein Teil der vorjährigen Triebe erhalten bleibt.

Chaenomeles japonica, die Japanische Zierquitte, wird in ihrer Heimat Japan bis zu einem Meter hoch und breit mit dichtem Wuchs. Die Triebe sind in der Jugend kurz rauhfilzig. Die drei bis fünf Zentimeter langen Blätter sind breit eiförmig, mit stumpfer Spitze und grob gesägt. Die ziegelroten Blüten stehen zu zweit bis vier beisammen und erscheinen in den Mo-

Zierquitte *(Chaenomeles speciosa)*. Mehrfachstamm in frei aufrechter Form. Die scharlachroten Blüten erscheinen vor den Blättern.
(Bonsai Sekai, Japan)

Zwergmispel *(Cotoneaster horizontalis)* als Kaskade gestaltet.
(British Bonsai Convention)

naten März und April. Die Früchte sind gelblichgrün, rundlich, vier bis fünf Zentimeter dick und stark aromatisch.
Chaenomeles speciosa kommt ebenfalls aus Japan und ist dort ein bis zu zwei Meter hoher, ausladender Strauch. Bei dieser Art sind auch die jungen Triebe kahl. Die Blätter sind drei bis fünf Zentimeter lang, eilänglich, spitz zulaufend und scharf gesägt. Die scharlachroten Blüten erscheinen einzeln oder zu mehreren in den Monaten März und April. Die länglichen, vier bis sechs Zentimeter langen Früchte sind gelbgrün und duftend, sie bekommen in der Sonne einen rötlichen Schimmer.
Von beiden Arten gibt es eine ganze Reihe interessanter Zuchtformen mit einer Vielzahl von Blütenfarben.

Die Quitte, *Cydonia oblonga*, ist ein bis zu sechs Meter hoher Strauch oder klei-

Quitte *(Cydonia oblonga)* in streng aufrechter Form. Nur wenige der gelben Früchte sind zur Dekoration am Baum belassen worden. Da der Baum sehr groß ist, konnten hier einige Früchte mehr zur Reife gelangen.
(Bonsai Sekai, Japan)

ner Baum. Die Zweige sind dornenlos und in der Jugend weißgraufilzig. Die ältere Rinde schilfert in Platten ab, was der Rinde eine interessante Färbung gibt. Die fünf bis zehn Zentimeter langen Blätter sind rundlich-eiförmig, oberseits tiefgrün, unterseits graufilzig und ganzrandig.

Schön ist auch die gelbe Herbstfärbung. Die weißen Blüten haben zartrosa Adern und erscheinen nach den Blättern an der Spitze der vorjährigen Triebe in den Monaten Mai und Juni. Die Frucht ist apfel- oder birnenförmig, gelb und aromatisch duftend. Da die Früchte mit sechs bis zehn Zentimetern recht groß sind, sollten an einem Bonsai höchstens zwei bis drei Früchte zur Reife gelangen. Alle anderen Fruchtansätze werden frühzeitig entfernt.

Die Gattung *Cotoneaster*, Zwergmispel, umfaßt 50 Arten und eine Reihe daraus abgeleiteter Zuchtformen. Man findet sowohl sommergrüne als auch immergrüne dornenlose Sträucher oder kleine Bäume. Die Blätter sind wechselständig, ganzrandig mit schmalen Nebenblättern. Die Blüten erscheinen einzeln oder zu mehreren bis hin zu vielblütigen Doldentrauben. Sie sind meist weiß, seltener auch hellrosa. Die Früchte sind erbsengroße, rote oder schwarze Apfelfrüchte.

Standort: Die Bonsai sollten im Sommer vollsonnig aufgestellt werden. Im Winter muß gegen Fröste unter −5 °C geschützt werden.

Gießen: Das ganze Jahr über sollte die Erde gleichmäßig feucht gehalten werden. Staunässe muß vermieden werden.

Düngen: Zierquitten erhalten vom Frühjahrsaustrieb bis Mitte Juli alle 14 Tage eine Flüssigdüngung. Mitte September wird für eine bessere Blütenknospenbildung mit einem stickstoffarmen, aber phosphorkalireichen Dünger gedüngt. Quitten und Zwergmispeln erhalten vom Austrieb bis zum Herbst alle zwei Wochen eine Flüssigdüngung. Während der Blüte und nach der Fruchtreife wird nicht gedüngt.

Erde: Kalkhaltige Grunderdmischung.

Umtopfen: Alle drei Gattungen werden recht leicht von Wurzel- und Stammnematoden befallen. Natürlich gelangen die Nematoden durch die Wunden nach einem Wurzelschnitt in die Bäume. Da die Nematoden sich in warmer Erde recht gut vermehren können, viele im Winter aber absterben, machen wir einen Wurzelschnitt im Spätherbst oder im zeitigen Frühjahr. Im darauffolgenden Frühjahr können die Bäume die Wurzelwunden verschließen, noch bevor die Nematoden sich wieder vermehrt haben und in die Bäume eindringen konnten.

Formgebung: Zierquitten und Zwergmispeln: Im Frühjahr läßt man die neuen Triebe lang auswachsen. Ende Mai werden die Triebspitzen abgezupft und dadurch das Längenwachstum gebremst. Sobald die Rinde der neuen Triebe von dunkelgrün nach braun übergeht, werden sie auf zwei bis drei Blätter zurückgeschnitten.
Der nun folgende Austrieb bleibt unbeschnitten bis zum Laubabwurf im Herbst. Kurz vor einer rundlichen Blütenknospe werden die Triebe abgeschnitten. Nach der Blüte im nächsten Jahr wird die Form wieder überarbeitet und alle störenden Triebe werden entfernt.
Quitte: Bis zum Frühsommer werden neue Triebe, sobald sie fünf bis sechs Blätter haben, auf zwei bis drei Blätter zurückgeschnitten. Da sich die Blütenknospen an den Spitzen der neuen Triebe entwickeln, wird vom Frühsommer an nicht mehr geschnitten. Im nächsten Jahr erscheinen die Blüten an den Spitzen der diesjährigen Triebe.
Mit Hilfe von mit Papier umwickeltem Draht können die hier besprochenen Arten vorsichtig gedrahtet werden. Vor allem die Triebe der Quitte sind recht sparrig und brechen leicht beim Drahten. Sinnvoll ist es daher, die Triebe zu drahten, wenn sie gerade beginnen auszuhärten.

Buchen

Freiland-Bonsai

Fagus crenata
Jap.: Buna
Fagus japonica
Jap.: Inu buna
Fagus silvatica

Japanische Rotbuche *(Fagus crenata)* in Waldform. Die herbstlich gefärbten Blätter werfen die Buchen erst im Frühjahr ab, kurz bevor die neuen Knospen sich öffnen.
(Bonsai Sekai, Japan)

Die Buchen sind sommergrüne, meist hohe Bäume mit glatter grauer bis weißlicher Rinde. Die Blätter sind wechselständig, ganzrandig, am Rande gewellt oder fein gezähnt. Meist sind zumindest die jungen Blätter unterseits an der Mittelrippe fein behaart. Die Winterknospen

sind mehr oder weniger schlank und laufen charakteristisch spitz zu. Die im Herbst sich braun färbenden Blätter verbleiben den ganzen Winter am Baum. Erst im nächsten Frühjahr, wenn die neuen Knospen anzuschwellen beginnen, werden sie abgeworfen.
Von den zehn bekannten Buchenarten, die alle auf der nördlichen Erdhalbkugel vorkommen, sind nur drei für den Bonsai-Freund von Interesse.
Die Japanische Rotbuche *(Fagus crenata)* ist unserer Rotbuche *(Fagus silvatica)* recht ähnlich. Sie zeichnet sich aber

durch die bereits in der Jugend silbergraue Rinde aus. Die Blätter sind eiförmig, am breitesten unter der Mitte und fünf bis acht Zentimeter lang. In der Jugend sind die Blätter auf der Unterseite und die Blattstiele seidig behaart. *Fagus crenata* wird von allen Buchen am häufigsten im Bonsai-Handel angeboten.

Die Japanische Schwarzbuche *(Fagus japonica)* hat eine dunkelgraue Rinde und ist häufig von der Basis aus mehrstämmig. Die Blätter sind eiförmig, an der Basis häufig herzförmig und fünf bis acht Zentimeter lang. Sie sind nur wenig behaart und auf der Unterseite bläulichgrün.

Die Europäische Rotbuche *(Fagus silvatica)* hat eine graue Rinde, die im Alter etwas heller wird. Die Blätter sind eiförmig elliptisch, fünf bis zehn Zentimeter lang, etwas seidig behaart, auf der Oberseite frischgrün und auf der Unterseite hellgrün. Die Herbstlaubfärbung ist gelb bis hellbraun.

Von der Europäischen Rotbuche gibt es viele Zuchtformen, die auch für die Bonsai-Gestaltung geeignet sind.

Standort: Im Sommer ist ein halbschattiger Standort zu wählen. In der prallen Sonne neigen die Blätter dazu, braune Ränder zu bekommen. Im Winter ist ein frostfreier Standort zwischen −5 °C und +5 °C sinnvoll.

Gießen: Das ganze Jahr über gleichmäßig feucht halten und nur selten überbrausen.

Düngen: Mit dem Düngen beginnt man erst nach dem Austrieb. So bleiben die Blätter kleiner und die Blattabstände gering. Bis Ende August bekommen die Bäume alle zwei Wochen eine Düngergabe.

Erde: Leicht kalkhaltige Grunderdmischung.

Umtopfen: Alle zwei bis drei Jahre im Frühjahr, wenn die Knospen anzuschwellen beginnen.

Formgebung: Die Gestaltung von noch nicht ausgereiften und bereits fertigen Buchen-Bonsai ist recht unterschiedlich.

Bei noch jungen Bonsai sind die Ziele eine reichere Verzweigung und größeres Dickenwachstum. Beide Ziele werden erreicht, indem man die jungen Triebe im Frühjahr lang auswachsen läßt und erst, wenn die jungen Zweige beginnen, braun zu werden, auf zwei bis drei Blätter zurückschneidet.

Der häufig folgende Zweitaustrieb ist für die weitere Gestaltung meist nicht brauchbar. In der Regel haben diese Triebe große Blattabstände und die Zweige reifen nur ungenügend aus. Deshalb läßt man beim ersten Schnitt ein Blatt mehr stehen als für die weitere Gestaltung benötigt wird. Der Zweitaustrieb beschränkt sich meist nur auf die Achselknospe des Spitzenblattes. So kann man im darauffolgenden Frühjahr den vorjährigen Zweitaustrieb abschneiden und dadurch die nächste Knospe zur Spitzenknospe machen (siehe dazu Abbildung, Seite 36).

Das Gestaltungsziel bei bereits ausgereiften Buchen-Bonsai ist eine feine Verzweigung mit nur kurzen Blattabständen. Hierzu werden die Triebe schon zu einem sehr frühen Zeitpunkt eingekürzt. In einer Knospe befindet sich bereits der gesamte Trieb mit allen daran befindlichen Blättern, die eng zusammengedrängt sind. Beim Austrieb strecken sich die Zellen, wodurch sich der Zweig verlängert und die Blätter sich entfalten.

Zupft man die Triebe zu Beginn des Streckungswachstums zurück, bleiben die Blattabstände geringer, als wenn man sie ungehindert wachsen ließe. Der richtige Zeitpunkt ist, wenn sich die Knospen gerade öffnen. Mit den Fingerspitzen greift man die noch nicht gestreckte Trieb-

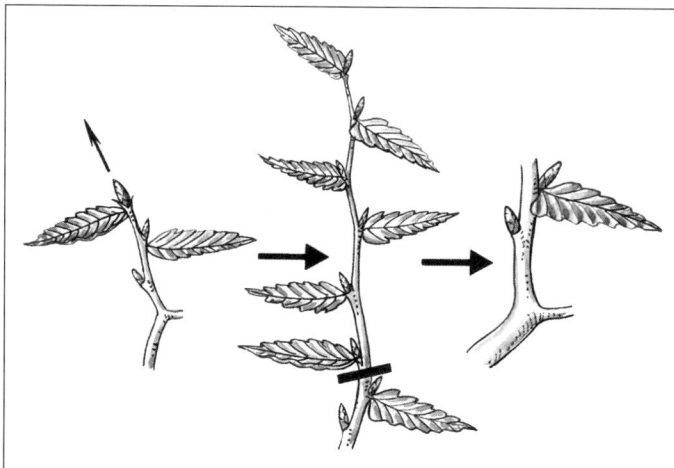

Links: Beim ersten Rückschnitt der neuen Triebe läßt man jeweils ein Blatt mehr stehen als für die spätere Weitergestaltung erforderlich wäre.

Mitte: Meist nur aus der Spitzenknospe kommt ein sogenannter Junitrieb hervor.

Rechts: Im Spätherbst wird der Junitrieb ganz entfernt und der Ast auf die darauffolgende Knospe zurückgeschnitten.

spitze und zupft sie ab, so daß nur zwei bis drei Blätter an dem Trieb verbleiben. Hat der Baum im Frühjahr seine vorjährigen Blätter abgeworfen, wird die Form des Bonsai überarbeitet. Häufig sieht man dicht gedrängte Ansammlungen von Knospen, die in alle möglichen Richtungen weisen. Da jede Knospe in die Richtung zeigt, in der auch der jeweilige Trieb wachsen wird, kann man brauchbare von die Gestaltung störenden Knospen unterscheiden. Alle Knospen, die man für die weitere Gestaltung nicht benötigt, werden herausgebrochen. Gleiches gilt für sehr große Spitzenknospen.

Müssen Äste oder Zweige zurückgeschnitten werden, ist das zeitige Frühjahr die richtige Zeit. Beim Schnitt sollte man darauf achten, daß über der Knospe, auf die man zurückschneidet, ein etwa ein Zentimeter langes Zweigstück stehen bleibt. So wird verhindert, daß die neue Spitzenknospe zurücktrocknet, was leicht geschieht, wenn man den Zweig

unmittelbar oberhalb der Knospe abschneiden würde.

Im Frühjahr können bei Bedarf Buchen-Bonsai auch gedrahtet werden. Ohne die letztjährigen Blätter kann jetzt die Baumkonstruktion gut beurteilt und die Drahtung vorgenommen werden. Sinnvoll ist es, den Draht vor dem Anlegen mit Kreppapierklebeband zu umwickeln. Umwickelter Draht schneidet nicht so schnell in die Rinde ein.

Junge Triebe werden eingedrahtet, wenn sie beginnen auszuhärten. Bei der Aushärtung erhalten die jungen Triebe eine braune Rindenfärbung.

Alle eingedrahteten Baumteile müssen im Spätsommer gut beobachtet werden, da zu dieser Zeit noch einmal ein Schub Dickenwachstum kommt. Innerhalb weniger Tage kann dann der Draht in die Rinde eindrücken. Sobald man den Beginn des Dickenwachstumsschubs bemerkt, muß eng angelegter Draht entfernt werden.

Feigen

Zimmer-Bonsai

Ficus-Arten

Die als Zimmer-Bonsai geeigneten Feigen kommen ausnahmslos aus den Tropen. Die bei uns heimische Echte Feige (*Ficus carica*) ist nur als Freiland-Bonsai zu pflegen.

Von den tropischen Feigen sind etwa 800 Arten bekannt. Ein Charakteristikum aller Feigen sind die milchsaftführenden Leitungsbahnen in allen Pflanzenteilen, die ihnen die deutsche Bezeichnung Gummibaum einbrachte. Die tropischen Feigen sind immergrüne große Bäume oder Sträucher. Unter ihnen gibt es sogar einige Kletterpflanzen.

Die Blüten befinden sich in einem hohlen Kelchbecher. Die Kelchbecher sehen aus wie kleine Feigen, die von einer winzigen Gallwespe von innen befruchtet werden müssen. Da diese Gallwespen bei uns nur selten sind, wird an unseren Zimmerfeigen auch keine Frucht heranreifen.

Für den Bonsai-Freund interessante tropische Feigen sind:

Die Birkenfeige (*Ficus benjamina*) wird in ihrer Heimat ein großer und sehr breitkroniger Baum. Die Zweige laden weit aus und sind überhängend. Die Rinde ist ziemlich glatt. Die Blätter werden fünf bis zehn Zentimeter lang, sind dünn lederartig, elliptisch, werden gegen die Basis breiter und laufen in eine gebogene Spitze aus. Im Gewächshaus bildet sie bei erhöhter Luftfeuchtigkeit Luftwurzeln aus, die von den Ästen herabhängen. Erreichen die Luftwurzeln den Boden, wachsen sie zu stützenden Nebenstämmen heran. Im Zimmer ist dieser Effekt nicht zu erzielen.

Der Banyanbaum (*Ficus bengalensis*) ist ebenfalls ein großer Baum, der mit Hilfe von Stützwurzeln den Eindruck eines kleinen Waldes erzielen kann. Die Blätter sind ledrig, 15 bis 25 Zentimeter lang, 12 bis 17 Zentimeter breit, eiförmig, an der Basis rund und in eine kurze Spitze auslaufend. Wegen der großen Blätter ist diese Feige nur für große Bonsai geeignet. *Ficus retusa* bildet ebenfalls einen dicken Stamm aus. Größere Bonsai haben häufig eng dem Stamm anliegende Luftwurzeln, die dem Stamm eine imposante Knorrigkeit verleihen. Die Blätter sind ledrig und etwas fleischiger als bei den anderen Arten. Sie sind elliptisch bis eiförmig und laufen am Ende in eine kurze Spitze aus.

Die Buxbaumfeige (*Ficus buxifolia*) wird in ihrer Heimat ein kleiner Baum oder großer Strauch. Die an der Spitze stumpfrunden Blätter sind verkehrt eiförmig. Aus dieser Feige lassen sich sehr elegante Bonsai gestalten.

Das Laub von *Ficus sikkimensis* erinnert an die Blätter der Trauerweide. Die Rinde ist mit einem interessanten Längsstreifenmuster versehen. Bei Bonsai, die aus Stecklingen gezogen wurden, bildet sich häufig ein schöner, flächiger Wurzelhals aus.

Der heilige Pepul-Baum der Inder (*Ficus religiosa*) ist häufig mehrstämmig und bildet eine breite Krone mit dichter Verzweigung aus. Die Blätter sind herzförmig, dünn, 12 bis 17 Zentimeter lang und laufen in eine lange, schwanzförmige Spitze aus.

Standort: Bei der Pflege als Zimmer-Bonsai ist ein ganzjähriger Standort an einem hellen Süd-, Ost- oder Westfenster zu wählen. Hinter der Fensterscheibe plaziert, ist es ratsam, Feigen vor praller Sonne zu schützen, da die Blätter sonst leicht verbrennen.

Im Sommer sind die Bäume für einen Standort auf dem Balkon oder der Terrasse dankbar. Nach meiner Erfahrung verbrennen die Blätter nicht, die unter star-

Banyanbaum *(Ficus bengalensis)* in frei aufrechter
Form.
(Besitz: Bonsai-Zentrum Niederrhein)

ker Sonneneinstrahlung gewachsen sind.
Die Bäume können bei ausreichender
Wasserversorgung also ohne weiteres in
der Sonne stehen.
Im Winter kommen die Bäume in einen
Raum mit Temperaturen zwischen 15
und 25 °C an einen hellen Fensterplatz.

Gießen: Der Wasserbedarf ist stark von
der Temperatur und der Luftfeuchtigkeit
im Raum abhängig. Vor dem nächsten
kräftigen Wässern sollte die Erdoberfläche leicht antrocknen. Empfindlich können Feigen auf Staunässe und kaltes Gießwasser reagieren. Deshalb sollte das Gießwasser Zimmertemperatur haben.
Düngen: Vom Frühjahr bis zum Herbst
düngt man alle zwei Wochen mit einem
Flüssigdünger, im Winter wegen des reduzierten Wachstums nur alle vier Wochen.

Erde: Grunderdmischung.

Umtopfen: Mit einem mäßigen Wurzelschnitt alle zwei bis drei Jahre im zeitigen Frühjahr.

Formgebung: Das ganze Jahr über haben die tropischen Feigen mehrere Wachstumsschübe. Die neuen Triebe läßt man auf vier bis fünf Blätter wachsen und schneidet dann auf ein bis zwei Blätter zurück. Dabei werden auch zu große Blätter entfernt. Dazu schneidet man die Blattflächen ab, läßt aber die Blattstiele stehen. Nach einiger Zeit trocknen die Blattstiele und fallen ab.

Verholzte Triebe können das ganze Jahr über gedrahtet werden. Der Draht drückt sich häufig bereits nach etwa einem halben Jahr in die Rinde ein und sollte bei den ersten Anzeichen entfernt werden. Will man Luftwurzeln erzielen, ist ein Gewächshaus notwendig, da sich nur bei stark erhöhter Luftfeuchtigkeit deren Wachstum provozieren läßt.

Ginkgo

Freiland-Bonsai

Ginkgo biloba
Jap.: Icho

Der Ginkgo ist die einzige noch lebende Art einer im Erdmittelalter weit verbreiteten und artenreichen Pflanzengruppe. Botanisch steht der Ginkgo den Nadelbäumen nahe, trägt aber auch Merkmale der Laubbäume in sich.

Die Blätter sind fächerförmig, fast lederartig und fünf bis acht Zentimeter breit. Sie sind lang gestielt, an der breiten Seite oft eingeschnitten und haben parallele und gegabelte Blattnerven, werden dann dunkelgrün und färben sich vor dem Laubfall im Herbst goldgelb. Die Rinde ist grau und wird an älteren Bäumen tief gefurcht. Das Aussehen ist vielgestaltig und geht von schmal kegelförmig bis weit ausgebreitet. Das Längenwachstum übernehmen sogenannte Langtriebe, an denen die Blätter wechselständig angeordnet sind. An diesen Langtrieben bilden sich Kurztriebe aus, an denen die Blätter in Büscheln zu drei bis fünf stehen. Die meisten Ginkgo-Bonsai sind kegelförmig gestaltet, was ihnen die Form einer züngelnden Flamme verleiht.

Der Ginkgo ist zweihäusig — das heißt, die Geschlechter sind auf zwei Bäume verteilt. Die weiblichen Bäume bilden an mehrjährigen Kurztrieben Blüten aus, die wie kleine Eierpflaumen aussehen. Das Fruchtfleisch verströmt beim Zerdrücken einen unangenehmen Geruch nach ranziger Butter. Die männlichen Bäume entwickeln an mehrjährigen Kurztrieben kätzchenförmige Blüten. Das Geschlecht eines Ginkgo läßt sich erst mit der Blüte feststellen.

Standort: Im Sommer in der vollen Sonne. Im Winter ist ein Frostschutz für die sehr fleischigen Wurzeln notwendig.

Gießen: Vom Frühjahr bis zum Herbst gut feucht halten, aber auf jeden Fall Staunässe vermeiden. Im Winter wird die Erde mäßig feucht gehalten.

Düngen: Nach dem Austrieb bis zum Beginn der Herbstfärbung alle drei Wochen mit Flüssigdünger oder Kugeldünger.

Erde: Grunderdmischung.

Umtopfen: Je nach Alter des Baumes alle zwei bis fünf Jahre im zeitigen Frühjahr mit einem mäßigen Wurzelschnitt.

Ginkgo (*Ginkgo biloba*) im chinesischen Stil gestaltet. (Bonsai-Show Shanghai)

Formgebung: Aus den Spitzenknospen der letztjährigen Triebe wachsen Langtriebe heran. Diese Langtriebe läßt man auf sechs bis sieben Blätter heranwachsen und schneidet dann auf ein bis zwei Blätter zurück.

Kurztriebe, die aus weiter innen am Baum liegenden Knospen wachsen, läßt man unbeschnitten. Lediglich Kurztriebe, die die Wuchsform stören, werden im zeitigen Frühjahr entfernt.

Müssen längere Triebe entfernt werden, läßt man zunächst einen etwa ein Zentimeter langen Stumpen stehen. Wenn auch dieser Stumpen zurückgetrocknet ist, wird er ganz nah am Stamm entfernt. Die frische Wunde wird mit Wundknetmasse abgedeckt. Nach einiger Zeit hat der Wundkallus die Wunde vollständig verschlossen. Ich wende diese Methode schon seit einigen Jahren an, die Wundverheilung war immer optimal.

Bei Bonsai, die eher eine ausladende Wuchsform haben, können die Triebe, sobald sie beginnen auszuhärten, gedrahtet werden. Wegen der recht weichen Rinde muß man beim Drahten sehr vorsichtig sein, sonst wird die Rinde leicht weggedrückt. Nach etwa einem Jahr wird der Draht wieder entfernt.

Chinesischer Wacholder

Freiland-Bonsai

Juniperus chinensis
Jap.: Shinpaku

In der freien Natur kommt der Chinesische Wacholder, je nach Standort, in den verschiedensten Wuchsformen vor. Er kann ein bis zu 20 Meter hoher Baum mit kegelförmiger Krone werden oder auch nur strauchig wachsen. Die unterschiedlichen Wuchsformen werden häufig verschiedenen Unterarten des *Juniperus chinensis* zugeordnet.
In Japan wird für die Bonsai-Gestaltung meist der in Höhen zwischen 1000 und 1500 Meter vorkommende Bergwacholder verwendet. In dieser Höhe entwickelt sich meist eine circa ein Meter hohe Strauchgestalt mit bis zu drei Meter ausladenden Ästen. Die weit überhängenden Äste liegen in weiten Bereichen dem Boden auf.
Die Zweige sind dünn und tragen je nach Alter zwei unterschiedliche Nadelarten. Die bis zu zwölf Millimeter langen Nadelblätter sind stachelspitz und stehen je zu dreien in Quirlen. Die Nadelblätter wachsen an jungen Wacholdern oder nach einem starken Rückschnitt an den jungen Trieben. Die nur 1,5 Millimeter langen Schuppenblätter liegen dem Zweig dicht angedrückt und sind stumpf.
Alle Blätter sind bläulichgrün und auf der Oberseite leicht gefurcht. Beim Austrieb sind die Blätter hellgrün, so daß der Baum im Frühjahr ein strahlendes Aussehen zeigt.
Die dunkelbraune Rinde zeigt sich erst, wenn die Schuppenblätter abgefallen sind. Am Stamm und den Ästen löst sich die Borke in Streifen ab. In Japan wird die äußerste Borke meist abgezogen, wodurch die Rinde heller und glatter wird. Dieses Abziehen der äußersten Rindenschicht sollte aber sehr vorsichtig geschehen, da die lebenswichtigen unteren Rindenschichten verletzt werden können. Auf keinen Fall darf das unter der Rinde liegende Kambium zerstört werden, sonst können ganze Partien des Baumes absterben.

Standort: Der Chinesische Wacholder mag einen hellen, sonnigen und vor allem luftigen Standort. Im Schatten neigt er verstärkt dazu, nadelartige Blätter auszubilden. Auch wird er hier eher gegen Schädlinge, wie zum Beispiel Spinnmilben, anfällig.
Obwohl der Wacholder in großen Höhen vorkommt, muß der Wurzelballen im Winter gegen Frost geschützt werden. Die oberirdischen Pflanzenteile vertra-

gen im allgemeinen gut die Kälte. Lediglich kalte, trockene Winter führen zu einem Braunwerden der Blätter. Auch im Winter sollte der Standort hell und luftig sein.

Gießen: Wegen der großen Gesamtblattfläche ist der Wasserbedarf recht hoch. Die Erde sollte weder ganz austrocknen, noch mag der Wacholder ständig nasse Füße. Ist der Boden ständig zu feucht, neigt er zum Vergilben der Blätter. Staunässe ist auf jeden Fall zu vermeiden. Im Sommer wie auch im Winter sollte auf eine gleichmäßige Bodenfeuchtigkeit geachtet werden.

Düngen: Der Chinesische Wacholder gehört zu den hungrigen Bäumen. Bei Düngermangel neigt er dazu, die Blätter vergilben zu lassen und verstärkt nadelartige Blätter zu bilden.
Sobald sich im Frühjahr die grasgrünen neuen Triebspitzen zeigen, beginnt man mit dem Düngen. Ende August/Anfang September beendet man die Düngergaben.
Gedüngt wird in der Wachstumszeit alle zwei Wochen mit Flüssigdünger oder Kugeldünger, im Winter nicht düngen.

Erde: Der Grunderdmischung wird etwas Kalk hinzugefügt, wodurch der pH-Wert ganz leicht alkalisch wird. Die Erde sollte gut wasserdurchlässig sein und eine gute Drainagewirkung haben.

Umtopfen: Alle zwei bis drei Jahre mit einem Wurzelschnitt. In die Schale sollte eine gute Drainageschicht eingefüllt werden.

Formgebung: Alte Wacholder bilden auf ihren Ästen dichte, flache Zweigpolster aus. Bei der Bonsai-Gestaltung werden diese Polster durch Zurückzupfen der dicht mit Blättern umgebenen Zweige erreicht. Das Einkürzen der jungen Triebe erfolgt nur mit den Fingerkuppen. Sowohl der Einsatz von Fingernägeln als auch einer Schere führt zu braunen Triebspitzen.
Im späten Frühjahr kürzt man den Neuaustrieb um ein bis zwei Drittel ein. Sind längere Triebe gewachsen, sind diese zunächst einzukürzen. Zwei bis drei Tage später werden die kürzeren Triebe gezupft. Auf keinen Fall werden im Winter die Triebe zurückgezupft. Das winterliche starke Einkürzen führt unweigerlich zu verstärkter Bildung von Nadelblättern.
Haben sich Triebe mit nadelförmigen Blättern gebildet, die für die weitere Gestaltung wichtig sind, werden sie genauso wie Triebe mit Schuppenblättern gezupft. Nach zwei bis drei Jahren bilden sich dann auch an diesen Zweigen Triebe mit den weichen Schuppenblättern.
Die Gestaltung störende dickere Äste werden im zeitigen Frühjahr beschnitten. Auch ist das Frühjahr die richtige Zeit zum Drahten. Innerhalb eines Jahres dürften sich die Formkorrekturen stabilisiert haben, und der Draht kann wieder entfernt werden.
Wacholder werden in der freien Natur sehr alt. Schneebruch und starke Winde führen immer wieder zum Abbrechen von Ästen. Häufig werden dabei auch ganze Rindenpartien vom Stamm abgezogen. Wind und Wetter bleichen das Holz und geben dem Baum ein wettererprobtes Aussehen.
In der Bonsai-Gestaltung wird dieses Phänomen nachgeahmt, indem man überflüssige Äste nicht ganz abschneidet, sondern als entrindete und gebleichte Teile in die Gestaltung einbezieht. Ebenso verfährt man mit geeigneten Stammpartien.

Chinesischer Wacholder (*Juniperus chinensis*) in freier aufrechter Form. Ein typisches Gestaltungsmerkmal sind die wolkenförmigen Laubpolster. (Besitz: Gruga-Park Essen)

Igelwacholder

Freiland-Bonsai

Juniperus rigida
Jap.: Tosho

Der Igelwacholder ist unserem Gemeinen Wacholder sehr ähnlich. Während bei dem Gemeinen Wacholder (*Juniperus communis*) die Äste streng nach oben wachsen, sind die Äste des Igelwacholders bogig überhängend. Der kleine Baum hat 13 bis 25 Millimeter lange und einen Millimeter breite, scharf spitze, stechende, dunkelgrüne Nadeln, die jeweils zu dritt den Zweig quirlig umstehen. Die Äste und der Stamm haben eine braunrote bis gelbbraune Borke.

Der Igelwacholder ist zweihäusig, das heißt, um Früchte zu erhalten, braucht man eine weibliche und eine männliche Pflanze.

In der Bonsai-Gestaltung gleicht die Form dem Chinesischen Wacholder, wobei ein gut gestalteter Igelwacholder ausdrucksstärker wirkt.

Standort: Der Igelwacholder liebt im Sommer einen hellen, sonnigen Standort. Ein schattiger Platz führt zu größeren Blattabständen und läßt die Blätter heller werden. Im Winter sollten der Wurzelballen gegen Frost und die oberirdischen Teile gegen trockene, eisige Winde geschützt werden.

Gießen: Der Igelwacholder sollte das ganze Jahr über einen gleichmäßig feuchten Boden haben. Staunässe ist aber auf jeden Fall zu vermeiden.

Igelwacholder (*Juniperus rigida*). Der Baum vereinigt in sich Stilelemente der gelehnten Form und des Zweifachstammes.
(Besitz: Gruga-Park Essen)

Düngen: Vom Beginn des Austriebs bis Ende August alle drei Wochen mit Flüssigdünger oder mit Kugeldünger.

Erde: Grunderdmischung.

Umtopfen: Alle zwei bis drei Jahre im zeitigen Frühjahr in eine gut wasserdurchlässige Erde. Die unterste Erdschicht sollte eine gute Drainagewirkung haben.

Formgebung: Auch hier ist das Gestaltungsziel, dichte Astpolster, anzustreben. Im Frühjahr läßt der Igelwacholder lindgrüne Triebe austreiben. Sobald diese Triebe etwa zwei Zentimeter lang sind, zupft man die Spitze mit den Fingerkuppen aus. Dadurch wird das Längenwachstum gestoppt. Aus den Achseln der Blätter treiben bald neue Triebe mit nun kürzeren Nadeln aus. Auch diesen Trieben zupft man die Spitze aus, sobald sie zwei Zentimeter Länge erreicht haben. Gleichzeitig zupft man die längeren Nadeln des Erstaustriebes ab. In gleicher Weise verfährt man mit allen folgenden Wachstumsschüben.

Von Zeit zu Zeit müssen alle zu dicht wachsenden Triebe mit der Schere ausgedünnt werden. Man schneidet auch alle zu hoch gewordenen Polster wieder auf eine geringere Dicke zurück. Ebenso sollten alle senkrecht nach unten wachsenden Triebe mit der Schere entfernt werden.

Dickere, die Gestaltung störende Äste werden im zeitigen Frühjahr herausgeschnitten. Hierbei sollte man sich überlegen, ob diese Äste nicht als entrindete Baumteile in die Gestaltung mit einbezogen werden können. Bei dickeren Stämmen lassen entrindete Stammbereiche den Bonsai imposanter erscheinen. Die richtige Zeit zum Drahten ist ebenfalls das zeitige Frühjahr, sobald die Äste durch den beginnenden Saftstrom wieder elastischer werden. Der Draht wird nach etwa einem Jahr entfernt.

Lärchen

Freiland-Bonsai

Larix decidua
Larix eurolepis
Larix kaempferi
Jap.: Kara matsu

Die Lärchen gehören zu den wenigen Nadelbäumen, die im Herbst ihre Nadeln abwerfen. Die waagerechten Äste sind um den Stamm herum schraubig angeordnet. Die Blätter sind nadelförmig und weich. An den Langtrieben sind die Blätter spiralig und in Abständen angeordnet, an Kurztrieben hingegen in dichten Büscheln. Langtriebe dienen dem Längenwachstum, Kurztriebe erhöhen die Anzahl der Nadeln einer Lärche. Die Anzahl der Nadeln pro Büschel ist ein Unterschiedsmerkmal bei der Bestimmung der verschiedenen Lärchenarten.

Die Europäische Lärche *(Larix decidua)* ist ein bis zu 35 Meter hoher Baum mit geradem Stamm. Die abblätternde Borke ist in jungen Jahren grau und wird im Alter braun. Die Krone ist schlank und kegelförmig. Die Äste sind fast waagerecht oder nach unten gebogen, wobei die Astspitzen stets nach oben gerichtet sind. Die Langtriebe tragen eine gelbliche Rinde, während die Kurztriebe schwarzbraun sind.

Die ein bis drei Zentimeter langen, hellgrünen Nadeln färben sich im Herbst schön goldgelb. An den Kurztrieben stehen 30 bis 40 Nadeln in einem Büschel. Die Japanische Lärche *(Larix kaempferi)* wird in unseren Wäldern häufig forstlich angebaut. Sie ist ein bis zu 30 Meter hoher Baum und hat immer waagerecht abstehende Äste. Wir finden keine überhängenden Äste wie bei der Europäischen Lärche. Im Alter wird die Krone breit kegelförmig. Die rotbraune Borke blättert in schmalen Streifen ab.

Die jungen Langtriebe sind rötlichbraun, während die Kurztriebe rötlich gefärbt sind. An einem Kurztrieb findet man 40 bis 50 Nadeln. Die Blätter sind zwei bis 3,5 Zentimeter lang, weich und blaugrün. Im Herbst verfärbt sich das Laub goldgelb.

Die Bastard-Lärche *(Larix eurolepis)* ist eine natürlich entstandene Kreuzung aus der Europäischen und der Japanischen Lärche. Wir finden also Merkmale beider Eltern an der Bastard-Lärche. Von der Europäischen Lärche hat sie die gelben Langtriebe, die aufgerichteten Astenden und die kürzeren Nadeln. Von der Japanischen Lärche kommen die bläulichgrüne Färbung der Nadeln und die allgemeine Wuchsform.

Alle drei Lärchenarten eignen sich wegen ihrer Schnittverträglichkeit gut für die Bonsai-Gestaltung. Aber auch die hier nicht besprochenen Arten sind es wert, als Bonsai gestaltet zu werden. Ich pflege zum Beispiel seit Jahren eine Sibirische Lärche *(Larix russica)* mit Erfolg als Bonsai. Aus den Lärchen lassen sich besonders schöne Nadelwälder gestalten. Aber auch in den anderen Grundstilarten, außer der Besenform, ergeben sich eindrucksvolle Bonsai.

Standort: Während der Wachstumszeit sollten die Lärchen einen vollsonnigen Standort bekommen. Im Winter wird der Wurzelballen gegen Durchfrieren geschützt.

Gießen: Vor dem Austrieb nur mäßig feucht halten, damit die Nadeln nicht zu lang werden. Nach dem Austrieb den Boden gleichmäßig gut feucht halten, aber Staunässe vermeiden.

Düngen: Nach dem Austrieb bis Ende August alle drei bis vier Wochen mit einem Flüssigdünger oder mit Kugeldünger.

Erde: Grunderdmischung.

Umtopfen: Je nach Alter und Reifegrad des Bonsai alle zwei bis drei Jahre im zeitigen Frühjahr mit normalem Wurzelschnitt.

Formgebung: Je nach verwendeter Lärchenart sollte man bei der Gestaltung die typische Wuchsform herausarbeiten. In den häufigsten Fällen wird das die streng aufrechte Form sein. An Extremstandorten kann man in der Natur aber auch Lärchen in frei aufrechter Form, ja sogar als Kaskade, finden. Wichtig ist aber in jedem Fall, daß die Form der Äste dem natürlichen Wachstumsbild der Art entspricht.

Aus den Spitzenknospen der Äste und Zweige wachsen in der Regel Langtriebe heran. Sobald die grüne Färbung dieser Triebe beginnt, die typische Rindenfärbung zu bekommen, schneidet man sie auf ein bis zwei Knospen zurück. Die Knospen erkennt man als kleine grünliche Hügelchen in den Achseln einiger Blätter.

Nach dem Schnitt wachsen häufig Kurztriebe zu Langtrieben aus. Will man eine dichtere Verzweigung erzielen, verfährt man mit diesen neuen Langtrieben wie mit dem Erstaustrieb. Ansonsten schnei-

Gestaltung einer Baumschulpflanze zu einem Bonsai innerhalb von zwei Stunden.

Links: Eine Ausgangspflanze, wie man sie in jeder Baumschule finden kann.

Mitte: Nach dem Schneiden, Drahten und Einsetzen in eine Bonsai-Schale haben wir bereits einen kleinen Bonsai. Wichtig ist auch hier das Vorhandensein eines schönen Wurzelhalses.

Rechts: Mit dem Austrieb im Frühjahr beginnt die Verfeinerung der Form. Neue Triebe dienen der feineren Verästelung und dichteren Belaubung unseres Bonsai.

Europäische Lärche *(Larix decidua)* in frei aufrechter Form aus einem Findling.
(Gestaltung: Pius Notter)

det man diese sekundären Langtriebe auf nur eine Knospe zurück.

Alle Langtriebe, die auf einem Ast senkrecht nach oben oder unten wachsen, werden ganz entfernt.

Im zeitigen Frühjahr wird die Form überarbeitet. In dieser Zeit werden die Form störende dickere Äste entfernt oder bei Bedarf eingedrahtet. Das Drahten ist jetzt besonders leicht, da man nicht darauf achten muß, daß keine Nadeln mit eingedrahtet werden. Nach etwa einem Jahr kann der Draht entfernt werden.

Zieräpfel

Freiland-Bonsai

Malus baccata
Malus floribunda
Malus halliana
Jap.: Hana ringo
Malus × micromalus
Jap.: Hime ringo
Malus sieboldii
Jap.: Miyama kaido
Malus silvestris

Für die Bonsai-Gestaltung eignen sich ausschließlich kleinfrüchtige Arten. Man kann zwar die Größe des Baumes und seiner Blätter beeinflussen, nicht aber die Größe der Früchte. Die Früchte erreichen immer die Größe, wie sie für die Art oder Sorte typisch ist. Entsprechend sind alle Speiseapfelsorten für die Bonsai-Gestaltung nicht brauchbar, es sei denn, man entfernt alle Früchte sehr frühzeitig.

Alle Apfelbäume sind sommergrüne Bäume oder Sträucher. Die Blätter sind wechselständig am Zweig angeordnet und meist am Rand gesägt.

Für den Bonsai-Freund besonders interessant sind die Blüten der Apfelbäume. Sie sind je nach Art weiß, rosa bis karminrot und stehen in Doldentrauben beieinander, das heißt, aus jeder Blütenknospe kommen mehrere Blüten. Die Apfel-Bonsai haben zwei besonders attraktive Jahreszeiten, das sind das Frühjahr mit seiner Blütenpracht und der Spätherbst, wenn die Früchte, ohne durch die Blätter verdeckt zu werden, noch an den Zweigen hängen. Im Sommer sind die Apfel-Bonsai häufig weniger interessant, da die Blätter der meisten Arten doch recht groß werden.

Der Beerentragende Apfelbaum (*Malus baccata*) ist ein Großstrauch mit fünf Metern Höhe. Die jungen Zweige sind purpurbraun, kahl und dünn.

Die eiförmigen Blätter sind zugespitzt, fein gesägt, olivgrün und drei bis acht Zentimeter lang. Die drei bis 3,5 Zentimeter großen, reinweißen Blüten bilden drei- bis achtblütige Doldentrauben und erscheinen in den Monaten April und Mai. Die Früchte sind mehr oder weniger kugelrund, etwa einen Zentimeter dick und gelb mit roter Backe.

Besonders gut eignet sich die Sorte 'Gracilis' für die Bonsai-Gestaltung. Sie ist sehr schwachwüchsig, dünnzweigig und dicht bewachsen mit ziemlich kleinen Blättern. Die Blüten sind klein, weiß und sternförmig.

Wie sein Name schon sagt, ist der Vielblütige Apfelbaum (*Malus floribunda*) äußerst reichblühend. Mit vier bis zehn Meter Höhe kann man ihn als Großstrauch oder kleinen Baum einstufen. Die schlanken, weit abstehenden Zweige hängen leicht über, sind in der Jugend behaart und an der Sonnenseite rötlich.

In den Knospen sind die Blätter gefaltet. Sie werden vier bis acht Zentimeter lang, sind zugespitzt, scharf gesägt und auf der Oberseite lebhaft grün. Die überaus zahlreichen, 2,5 bis drei Zentimeter breiten Blüten sind in der Knospe tiefkarminrot, blühen Anfang Mai rosa auf und verblassen langsam zu Weiß. Sie stehen längs des ganzen Zweiges. Die Früchte sind erbsengroß, gelb, an der Sonnenseite etwas rötlich und bleiben bis in den Dezember hinein am Baum.

Halls-Apfel (*Malus halliana*) ist auch in unseren Gärten ein beliebter Zierapfel. Der zwei bis vier Meter hohe Strauch oder kleine Baum hat eine lockere, ausladende Krone. Die dunkelgraue Rinde löst sich im Alter plattig ab. Die jungen Triebe sind kahl und braunrot. Die vier bis acht Zentimeter langen, glänzend dunkelgrünen Blätter sind im Austrieb rötlich, eilänglich, ledrig und kerbig gesägt. Blattnerven

Halls-Apfel *(Malus halliana)*
behält seine kleinen Äpfel
bis tief in den Winter an den
Ästen.
(Besitz: Jochen Wendland)

und Blattstiel sind häufig rötlich gefärbt. Aus den dunkelroten Knospen kommen im Mai vier bis sieben dunkelrosa Blüten. Die Früchte sind eiförmig, bis acht Millimeter dick, rotbraun und erst spät im Herbst reif.

Der Zwerg-Apfel *(Malus × micromalus)* ist ein bis zu vier Meter hoher kleiner Baum oder Strauch mit fast ebenso breiter Krone. Die dunkelbraune Rinde wird im Alter längsrissig. Die lang auswachsenden Zweige sind im Austrieb behaart, werden aber bald kahl und dunkelbraun. Mit fünf bis zehn Zentimetern sind die elliptisch länglichen, fein gesägten Blätter recht groß. Aber die nicht verblassenden rosa, zu drei bis fünf beisammen stehenden Blüten lassen den Zwerg-Apfel dennoch zu einem eindrucksvollen Bonsai werden. Die leicht kantigen, kugeligen Früchte sind 1,5 Zentimeter dick und gelb.

Der Toringo-Apfel *(Malus sieboldii)* ist ein vier Meter hoher, breit ausladender Strauch mit überhängenden, schwarzbraunen Ästen. Die Zweige sind zunächst filzig behaart, werden aber später kahl. Die drei bis sechs Zentimeter langen Blätter sind eiförmig, spitz zulaufend, grob gesägt, sattgrün und beiderseits verstreut behaart. Im Herbst färben sie sich auffällig gelb und rot.

Die kleinen, zwei Zentimeter breiten Blüten sind zunächst hellrosa, werden bald aber weiß und erscheinen im Mai. Die erbsengroßen Früchte sind kugelig, rot bis gelbbraun und bleiben bis in den Dezember hinein am Baum.

Der bei uns heimische Holzapfel *(Malus silvestris)* ist der Stammvater der meisten Kulturäpfel. Bis in 1500 Meter Höhe findet man den bis zu sieben Meter hohen, dichtbuschigen, breitkronigen Baum in den Wäldern Europas. Die blütentragenden Kurztriebe sind mehr oder minder stark mit Dornen versehen. Kurz- wie auch Langtriebe sind kahl und purpurbraun.

Schwach behaart sind im Austrieb hingegen die vier bis acht Zentimeter langen, eirunden, kerbig gesägten Blätter. In den Monaten April und Mai erscheinen die außen rosaweißen und innen weißen Blüten in Doldentrauben. Die gelbgrünen Früchte sind zwei bis vier Zentimeter breit und kugelig.

Standort: Im Sommer ein heller bis vollsonniger Standort, im Winter vor stärkeren Frösten schützen.

Gießen: Blüten und Früchte werden bei Trockenheit und Staunässe sehr schnell abgeworfen. Entsprechend sollten die Apfelbäume immer gut feucht gehalten, aber auch gegen Staunässe geschützt werden.

Düngen: Erst nach der Blütezeit mit dem Düngen beginnen, da sonst die Blüten sehr schnell verblühen. Danach bis Anfang August alle drei bis vier Wochen mit einem Flüssigdünger oder Kugeldünger. Eine kali- und phosphorbetonte Schlußdüngung im September sorgt für eine gute Aushärtung und reichen Blütenansatz im nächsten Frühjahr.

Erde: Grunderdmischung.

Umtopfen: Alle ein bis zwei Jahre nach der Blüte oder im Frühherbst mit mäßigem Wurzelschnitt.

Formgebung: Der erste Schnitt erfolgt nach der Blüte. Alle Triebe werden auf zwei bis drei Blattansätze oder auf die Fruchtansätze zurückgeschnitten. Die folgenden Triebe läßt man bis Mitte Juni ungehindert wachsen und zupft (pinziert) dann die Triebspitzen ab. Nun können in den Blattachseln die Blütenknospen gebildet werden. Unerwünschter Folgeaustrieb wird recht früh ausgezupft, da sonst die Bildung der Blütenknospen beeinträchtigt wird. Blütenknospen sind rundlicher, während reine Blattknospen spitzer zulaufend sind.

Beginnen die Triebe auszuhärten, werden sie waagerecht gedrahtet. Nun können die langen Triebe auch auf das gewünschte Maß zurückgeschnitten werden.

Sicher sehen die Apfelbäume mit dem Fruchtansatz sehr attraktiv aus. Werden keine Blüten durch Insekten befruchtet, kann man mit einer abgezupften Blüte die Befruchtung selbst vornehmen. Da aber ein allzu reicher Fruchtansatz dem Baum recht viel an Wuchskraft raubt, sollte man eventuell einen Teil der Früchte frühzeitig entfernen.

Halls-Apfel *(Malus halliana)* in voller Blüte. (Besitz: Bonsai-Centrum Heidelberg)

Fichten

Freiland-Bonsai

Picea abies
Picea glauca
Picea glehnii
Jap.: Ezo matsu

Die Fichten gehören zu den immergrünen Nadelbäumen. Ihre Gestalt ist immer kegelförmig, mit schuppenartiger Rinde und mit Ästen, die in Quirlen angeordnet sind.

Häufig werden Fichten mit Tannen verwechselt. Es gibt jedoch einige unverwechselbare Merkmale der Fichten, die sie von den Tannen leicht unterscheiden lassen. Die Nadeln der Fichten sitzen immer auf Nadelkissen, die nach dem Nadelabwurf erhalten bleiben und den Zweig rauh wie eine Feile machen. Die Zweige der Tannen sind hingegen nach dem Nadelabwurf glatt. Die Zapfen der Fichten hängen an den Zweigen und fallen nach der Samenreifung als Ganzes ab. Tannenzapfen stehen auf den Zweigen. Nach der Samenreifung lösen sich die Schuppen ab und geben die Samen frei. Im Wald finden wir also niemals abgeworfene, reife Tannenzapfen.

Von den rund 50 Fichtenarten gibt es nur wenige, die sich für die Bonsai-Gestaltung eignen. Es gibt von verschiedenen Fichtenarten aber zwergwüchsige Zuchtformen, die sich hervorragend zu einem Bonsai gestalten lassen. Bei der Suche in einer Baumschule sollte man auf Zuchtformen achten, die dichtgedrängte, kurze Nadeln haben.

Die Europäische Fichte *(Picea abies)* wird ein 30 bis 50 Meter hoher Baum mit geradem Stamm. Ihre rotbraune bis graue, in dünnen Schuppen abblätternde Rinde brachte ihr auch den irreführenden, volkstümlichen Namen Rot-Tanne ein. Die Äste sind bei älteren Bäumen bogig abwärts stehend mit ansteigender Spitze. Die ein bis zwei Zentimeter langen Nadeln sind vierkantig, spitz zulaufend und dunkelgrün. Von der Europäischen Fichte gibt es eine Reihe zwergwüchsiger Zuchtformen, die sich sehr gut für die Bonsai-Gestaltung eignen.

Von der Weiß-Fichte *(Picea glauca)* kennen die meisten Menschen eine Zuchtform, die Zuckerhut-Fichte *(Picea glauca 'Conica')*. Ihr Wuchs ist langsam, ganz dicht und regelmäßig kegelförmig. Die nur zehn Millimeter langen Nadeln sind im Austrieb hellgrün und werden später leicht bläulichgrün.

Durch vorsichtiges Ausdünnen der dichtstehenden Zweige läßt sich aus einer Zuckerhut-Fichte ein schöner Bonsai gestalten. Leider ist sie recht anfällig für einen Befall mit Spinnmilben, was sich am frühzeitigen Vergilben der Nadeln zeigt.

Die Sachalin-Fichte *(Picea glehnii)* wird in Japan seit Anfang dieses Jahrhunderts in der Bonsai-Kunst sehr erfolgreich verwendet, da sie im Gegensatz zu vielen anderen Fichtenarten auch auf weniger guten Böden immer noch gut gedeiht.

Sie wird ein bis zu 40 Meter hoher Baum mit schmal kegelförmiger Krone. Die Rinde ist dunkelbraun und rissig. Was die Sachalin-Fichte für den Bonsai-Freund so interessant macht, sind die kurzen Zweige und die sechs bis zwölf Millimeter langen, dichtgedrängten Nadeln. Die Nadeln sind auf der Oberseite mattgrün und auf der Unterseite leuchtendgrün. Bei jungen Pflanzen sind die Nadeln stechend spitz, während ältere Pflanzen stumpfe Nadelenden haben.

Standort: Im Sommer halbschattig bis vollsonnig. Im Winter müssen der Wurzelballen gegen Durchfrieren und die Nadeln gegen trockene, eisige Winde geschützt werden.

Sachalin-Fichte *(Picea glehnii)*. Bei diesem Wald sind deutlich die Untergruppen zu erkennen. (Gestaltung: Horst Daute)

Gießen: Der Boden sollte gleichmäßig feucht gehalten werden, wobei aber Staunässe vermieden werden sollte. Lediglich *Picea glehnii* verträgt auch mal etwas »nassere Füße«.

Düngen: Nach dem Austrieb bis Ende August alle vier Wochen mit Flüssigdünger oder mit Kugeldünger.

Erde: Grunderdmischung mit erhöhtem Sand- und Lehmanteil.

Umtopfen: Alle zwei bis vier Jahre im zeitigen Frühjahr oder Mitte August mit einem mäßigen Wurzelschnitt. Pflanzt man im August um, muß die Pflanze für etwa vier Wochen schattiger aufgestellt werden.

Formgebung: Die natürliche Anordnung der Äste bei den Fichten ist in Quirlen, das heißt, in einer Astetage entspringen mehrere Äste in gleicher Höhe. So entsteht eine Anordnung, die den Speichen eines Rades entspricht. Da diese Zweigstellung bei Bonsai aber sehr künstlich wirkt, muß man das nach Möglichkeit durch einen entsprechenden Schnitt korrigieren. Von einem Quirl läßt man nur ein bis zwei Äste in der Etage stehen. Diese Regel muß vor allem im unteren Drittel des Baumes eingehalten werden.

Die verbliebenen Äste werden bogig abwärts geneigt gedrahtet, wobei die Spitzen der Äste leicht nach oben zeigen. Die Zweiganordnung an einem Ast entspricht, von oben gesehen, einem ungleichschenkligen Dreieck. Alle Zweige, die streng nach oben oder unten zeigen, werden entweder entfernt oder in die Fläche eingedrahtet.

Während des Austriebs werden die sich streckenden Triebe, noch bevor sich die Nadeln abspreizen, zurückgezupft. Die Triebe aus den großen Spitzenknospen zupft man als erste um etwa zwei Drittel zurück. Triebe aus mittelgroßen Knospen werden auf die Hälfte eingekürzt und Triebe aus kleinen Knospen um ein Drittel zurückgenommen. Im Laufe der Zeit erhält man so eine dichte, gleichmäßige Verzweigung.

Das Frühjahr, vor dem Austrieb, ist die richtige Zeit für eventuell notwendiges Drahten. Da alle Nadeln, die mit eingedrahtet wurden, absterben, muß man beim Anlegen des Drahtes sehr vorsichtig vorgehen. Entsprechend ist es sehr zeitaufwendig, eine Fichte zu drahten. Nach etwa einem Jahr kann der Draht wieder entfernt werden.

Nach meiner Erfahrung verträgt die Sachalin-Fichte auch einen kräftigen Rückschnitt recht gut. Werden die Äste und Zweige zu lang oder die Verzweigung zu dicht, kann man auf kürzere benadelte Zweige zurückschneiden. Noch im gleichen Jahr treibt sie aus schlafenden Augen aus, und man erhält wieder eine reichere Verzweigung.

Mädchen-Kiefer

Freiland-Bonsai

Pinus parviflora
Jap.: Goyo matsu

Die Bonsai-Kiefer schlechthin ist die Mädchen-Kiefer. Selten wird die Mädchen-Kiefer in Bonsai-Fachgeschäften als Sämling angeboten. Die meisten Mädchen-Kiefern sind auf das Wurzelsystem einer Japanischen Schwarzkiefer (*Pinus thunbergiana*) aufgepfropft. Die Pfropflinge haben die typische tieffrissige Rinde der Japanischen Schwarzkiefer und sind viel weniger empfindlich als die Sämlinge. Beim Kauf ist darauf zu achten, daß die Pfropfstelle so unauffällig wie möglich ist. Außerdem sollte man beim Kauf darauf achten, daß der Wurzelballen gut mit Symbiosepilzen durchzogen ist. Dieser Symbiosepilz ist für die Mädchen-Kiefer ein Garant für gesundes Wachstum und Widerstandsfähigkeit. Ist der Symbiosepilz vorhanden, zeigt sich der Wurzelballen mit weißlichen Fäden durchzogen, die deutlich nach Pilz duften.

Die Mädchen-Kiefer ist ein fünf bis zwölf Meter hoher Baum mit einer sich flach ausbreitenden Krone. In der Jugend wächst sie dicht pyramidal. Die Borke ist graubraun, bleibt lange Zeit glatt und löst sich später in dünnen Schuppen ab. Die Äste stehen dicht und sind reich und dicht verzweigt.

Die Nadeln stehen zu fünf beisammen, das heißt, aus einer gemeinsamen Blattscheide kommen fünf Nadeln hervor. In der Natur bleiben die Nadeln drei bis vier Jahre am Baum, bevor die älteren Nadeln im Herbst braun werden und abfallen. An den Triebenden sind die Nadeln pinselförmig gedrängt, stark gekrümmt und in sich verdreht. Die grasgrünen bis blaugrünen Nadeln sind vier bis sechs Zentimeter lang, etwa ein Millimeter breit und mit stumpfer Spitze.

Die japanischen Botaniker teilen die Art in zwei Varietäten auf:

Mädchen-Kiefer (*Pinus parvifolia* var. *himeko-matsu*) – Dreifachstamm aus Sämlingen.
(Besitz: Gruga-Park Essen)

Pinus parviflora var. *pentaphylla* hat mehr grasgrüne, weichere Nadeln und ist empfindlicher gegen Spätfröste.
Pinus parviflora var. *himekomatsu* ist robuster und hat blaugrüne Nadeln, die härter sind. Von dieser Varietät gibt es viele verschiedene Zuchtformen, die auch in der Bonsai-Gestaltung verwendet werden.
In unseren Baumschulen kann man mit etwas Glück auch einige der Zuchtformen finden, die sich sehr gut als Bonsai eignen:
'Adock's Dwarf' ist eine Zwergform mit sehr langsamem, gedrungenem Wuchs und 1,5 bis 2,5 Zentimeter langen blaugrünen Nadeln.
'Gimborn's Pyramide' ist langsamwachsend und hat einen gedrungenen Wuchs mit sehr dicht stehenden Ästen. Die Nadeln sind intensiv blaugrün und ähnlich kurz wie bei 'Adock's Dwarf'.
Die japanische Zuchtform 'Negishi' hat 3,5 bis 4,5 Zentimeter lange, graugrüne bis blaugrüne Nadeln.

Standort: Vom Frühjahr bis zum Herbst einen hellen, vollsonnigen Standort. Im Vorfrühling gegen Spätfröste schützen, vor allem, wenn der Austrieb durch einige warme Tage schon begonnen hat. Sämlinge müssen im Winter gut gegen Frost geschützt werden, während bei Pfropflingen nur der Wurzelballen gegen Durchfrieren und das Laub gegen trockene, eisige Winde geschützt werden sollten.

Gießen: Im Frühjahr die Erde nur mäßig feucht halten, damit die Nadeln nicht zu lang werden. Im Sommer feucht halten, aber Staunässe vermeiden, da sonst der Symbiosepilz geschädigt wird. Im Winter mäßig feucht halten.

Düngen: Kiefern treiben aus, indem sie aus den Knospen kerzenartige Triebe wachsen lassen. Haben die Kerzen fast ihre endgültige Länge erreicht, werden die Nadeln aus den Blattscheiden geschoben.
Sind die Nadeln zur Hälfte aus den Blattscheiden herausgeschoben, beginnt man mit dem Düngen. Bekommt die Mädchen-Kiefer früher Dünger, werden die Kerzen sehr lang und die Nadeln länger als erwünscht. Bis etwa Mitte August wird alle vier Wochen gedüngt.

Erde: Grunderdmischung mit erhöhtem Sandanteil. Alle staubfeinen Erdteilchen müssen gut ausgesiebt werden. Der feine Staub sammelt sich sonst am Schalenboden und erhöht das Risiko von Staunässe. Aus dem gleichen Grund ist eine ausreichend starke untere Drainageschicht notwendig.

Umtopfen: Alle zwei bis drei Jahre im zeitigen Frühjahr oder Mitte August mit einem Wurzelschnitt. Der Augusttermin hat sich nach meinen Erfahrungen bewährt, da der Baum bis zum Winter wieder neue Wurzeln bilden kann.
In jedem Fall sollten der neuen Pflanzerde einige Hände voll der alten Erde beigemengt werden. Die neue Erde wird so mit dem Symbiosepilz geimpft.

Formgebung: Gleichgültig in welcher Stilart die Mädchen-Kiefer gestaltet wird, man bemüht sich in jedem Fall auf den Ästen und in der Krone um Ausbildung von dichten Nadelpolstern. An allen Triebspitzen bilden sich im Herbst einzelne oder Gruppen von zwei und mehr Knospen für den Austrieb des nächsten Jahres aus. Die Knospen sind eiförmig, etwa fünf Millimeter lang und bräunlichgelb. Die austreibenden Kiefernkerzen stehen aufrecht, neigen sich aber, wenn sie schwer genug werden, zur Seite und nehmen ihre endgültige Form ein.
Hat der Bonsai noch nicht seine geplante Größe oder haben seine Äste noch nicht die gewünschte Dicke erreicht, läßt man die jeweiligen Spitzenknospen lang auswachsen und kürzt erst mit der Schere auf das gewünschte Maß ein, wenn sie ihr Längenwachstum beendet haben. Je mehr der Baum durchtreiben darf, um so stärker ist sein Größen- und Dickenzuwachs.
Hat der Bonsai hingegen seine endgültige Größe erreicht, werden die Kerzen vor dem Herausschieben der Nadeln eingekürzt. Das Einkürzen erfolgt durch Herausdrehen der Kerzenspitze mit den Fingern. In der Regel werden die Kerzen um ein bis zwei Drittel eingekürzt. Da diese Triebe nicht so schwer werden, daß sie sich von selbst zur Seite neigen können, müssen sie eventuell nach dem Aushärten seitwärts gedrahtet werden. Die jeweilige Triebspitze sollte dabei nach oben gebogen werden.
Das Einkürzen der Kerzen erfolgt je nach Entwicklungsstand und Lage. Die äußersten Knospen sind am kräftigsten entwickelt und haben die größte Wachstumsrate. Diese Triebe werden als erste und am stärksten eingekürzt (siehe dazu Abbildungen, Seite 57, Bereich A).

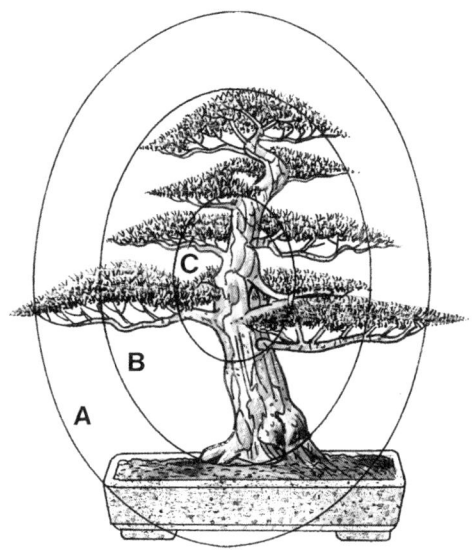

Oben: Die Krone der Mädchen-Kiefer wird in einen inneren (**C**), einen mittleren (**B**) und einen äußeren (**A**) Bereich eingeteilt.

Rechts: Die Kerzen des äußeren Kronenbereichs (**A**) treiben als erste und am stärksten aus. Sie werden um zwei Drittel eingekürzt. Einige Zeit danach sind die Kerzen des mittleren Bereichs (**B**) herangewachsen und werden um ein Drittel eingekürzt. Die Kerzen des inneren Bereichs (**C**) läßt man in der Regel ungehindert wachsen (jeweils von oben nach unten).

Weiter innen liegende Knospen treiben weniger stark aus und werden erst zurückgenommen, wenn sie etwa gleich stark entwickelt sind, wie es die äußeren Triebe vor dem Einkürzen waren (siehe dazu Abbildungen rechts, Bereich B und C).
Stehen mehrere Knospen beisammen, entwickeln auch sie sich im zeitlichen Abstand. Zunächst wird der stärkste Trieb eingekürzt und einige Tage später die anderen Triebe.
Zusätzlich werden noch vor dem Austrieb überschüssige Knospen herausgebrochen. Von jeder Gruppe läßt man in der Regel nur ein bis zwei stehen.

Ende August oder Anfang September werden die letztjährigen Nadeln entfernt. Man kann sie abzupfen, um so den Baum auszulichten. Sollen auf längeren Astab-schnitten Knospen entstehen, die zu einem dichteren Bewuchs führen, werden die Nadelbüschel mit der Schere abgeschnitten. Im Zentrum mancher Nadel-büschel befinden sich Knospenanlagen, die so zur Reifung angeregt werden. Wichtig beim Schneiden der Nadelbüschel ist aber, daß einige Millimeter der Nadeln stehen bleiben. Diese trocknen nach einiger Zeit von ganz alleine zurück und fallen dann schließlich ab. Nur so bleibt bei dieser Aktion die Knospenanlage unverletzt.

Gedrahtet werden Mädchen-Kiefern im zeitigen Frühjahr, wenn größere Formkorrekturen nötig sind. Neue Triebe können gedrahtet werden, sobald sie ausgehärtet sind.

Dickere Äste werden ebenfalls im zeitigen Frühjahr entfernt, weil jetzt der Saftstrom noch nicht so stark ist. Ein dicker Ast sollte immer in Etappen entfernt werden. Im ersten Jahr wird der Ast bis auf einen kleinen Stumpen abgeschnitten. Im nächsten Jahr ist der Stumpen zurück-getrocknet und kann nun vollständig entfernt werden.

Gemeine Kiefer

Freiland-Bonsai

Pinus silvestris

Die Gemeine Kiefer oder Föhre kommt in verschiedenen Rassen in ganz Europa und Nord-Asien vor. Sie ist die Kiefer unserer Wälder und wird häufig forstlich angebaut. Aber nicht nur die Baumart selbst, sondern auch einige zwergwüchsige Zuchtformen sind für den Bonsai-Freund von Interesse.

Die Föhre wird 20 bis 40 Meter hoch und hat meist einen geraden, schlanken Stamm. An extremen Standorten kann sie aber auch einen knorrigen und gedrehten Stamm haben. Je nach Standort ist die Krone länglich oder schirmförmig.

Die Borke ist an jungen Bäumen fuchsrot und abblätternd, an alten Bäumen wird sie dann rissig und rostrot. Die jungen Triebe sind zunächst grünlich, werden im zweiten Jahr aber graubraun.

Die Nadeln kommen immer zu zweit aus einer Blattscheide, sind vier bis sieben

Zentimeter lang und bis zu zwei Millimeter breit. Sie sind spitz, blau- oder graugrün, steif und häufig auch leicht gedreht. Für den Bonsai-Freund empfehlenswerte Zuchtformen:

'Beuvronensis' wächst sehr langsam und ist dicht verzweigt. Die blaugrünen Nadeln sind nur 1,5 Zentimeter lang.

'Hibernia' hat auffallend rote Winterknospen. Sie wächst sehr langsam, hat blaue, kurze Nadeln und setzt schon als junge Pflanze Zapfen an.

'Watereri' zeigt pro Jahr nur einen Zuwachs von fünf Zentimetern. Der Wuchs ist breit kegelförmig. Die Nadeln sind 2,5 bis vier Zentimeter lang, blaugrau, schmal, steif und gedreht.

Standort: In der Wachstumszeit ein heller, sonniger Standort. Im Winter die Wurzeln vor Durchfrieren und die Nadeln vor trockenen, eisigen Winden schützen.

Gießen: Im Sommer die Erde gleichmäßig feucht halten, aber Staunässe vermeiden. Im Winter und im Frühjahr mäßig feucht halten, aber die Erde nicht trocken werden lassen.

Düngen: Mit Düngergaben erst nach

Gemeine Kiefer *(Pinus silvestris* 'Beuvronensis') in frei aufrechter Form. Die Zwergform der Gemeinen Föhre läßt sich fast wie eine Mädchen-Kiefer gestalten.
(British Bonsai Convention)

dem Austrieb im späten Frühjahr beginnen, da sonst die Nadeln zu lang werden. Bis Ende August alle vier Wochen mit einem ausgewogenen Flüssigdünger oder mit Kugeldünger.

Erde: Grunderdmischung mit einem erhöhten Sandanteil. Eine gute Drainageschicht als unterste Erdschicht ist wichtig. Aus der Pflanzerde sollten die feinen Staubanteile ausgesiebt werden, um ein Versumpfen am Schalenboden zu vermeiden.

Umtopfen: Alle zwei bis drei Jahre im zeitigen Frühjahr oder Mitte August. Nach dem Umtopfen im August halbschattig aufstellen. Der Pflanzerde einige Handvoll alter, mit Symbiosepilzen durchzogener Erde zufügen, um sie zu impfen. Die Gemeine Kiefer lebt häufig mit dem Fliegenpilz in Symbiose.

Formgebung: Bei noch jungen Gemeinen Kiefern aus der Baumschule sind die Äste häufig in Quirlen angeordnet. Bis auf einen oder zwei Äste pro Etage sollten alle anderen entfernt werden. Die häufig noch relativ steil nach oben wachsenden Äste werden leicht abwärts geneigt gedrahtet.

Die Gemeine Kiefer hat eigentlich für Bonsai recht lange Nadeln. Die Nadeln können aber verkürzt werden. Dazu entfernt man circa Ende Juli alle lang ausgewachsenen Triebe mit der Schere. Von dem Austrieb läßt man etwa einen Zentimeter stehen. An dem verbliebenen Triebstück bilden sich kleine Knospen, die im nächsten Jahr weniger lang und vor allem mit kürzeren Nadeln austreiben. Hieraus länger auswachsende Triebe können ähnlich wie bei der Mädchen-Kiefer mit den Fingern auf bis zu ein Drittel zurückgenommen werden. Im dritten Jahr verfährt man dann wieder wie im ersten Jahr. Alle kürzeren Triebe läßt man unangetastet.

Zusätzlich können Ende August oder Anfang September ältere Nadeln abgezupft werden. Der stärkere Lichteinfall führt zum Austreiben von schlafenden Augen, wodurch der Baum dichter verzweigt wird. Nicht entfernte Nadeln bleiben etwa drei Jahre am Baum, bevor sie im Herbst braun werden und abfallen.

Gedrahtet werden kann die Gemeine Kiefer im zeitigen Frühjahr. Junge Triebe können gedrahtet werden, sobald sie auszuhärten beginnen. Dabei ist darauf zu achten, daß keine Nadeln mit eingedrahtet werden. Eingedrahtete Nadeln sterben ab und werden braun, was sicherlich unschön aussieht. Nach etwa einem Jahr wird der Draht entfernt.

Japanische Schwarzkiefer

Freiland-Bonsai

Pinus thunbergiana
Jap.: Kuro matsu

Die Japanische Schwarzkiefer wird in Japan recht häufig zum Bonsai gestaltet und auch nach Europa importiert. In unseren Baumschulen ist sie hingegen selten zu finden.

Wie die Gemeine Kiefer gehört auch die Japanische Schwarzkiefer zu den zweinadeligen Kiefern, das heißt, auch bei ihr kommen immer zwei Nadeln aus einer gemeinsamen Blattscheide hervor. Die dunkelgrünen, steif abstehenden Nadeln sind zwar mit sechs bis zwölf Zentimetern recht lang, dennoch lassen sich aus diesem Baum sehr imposante Bonsai gestalten. Vor allem der schnell dick werdende Stamm mit der rissigen schwarzgrauen Borke macht ihn für Bonsai sehr interessant. Die Risse bilden in der Borke unregelmäßige Felder.

Eine sehr eindrucksvolle Borke bildet *Pinus thunbergiana* var. *corticosa* aus. Bei ihr haben Stamm und Äste eine besonders tiefrissige, dicke Borke. In ihrem Aufbau erinnert die Borke an die der Korkeiche. Wie viele andere Bäume leben auch die Schwarzkiefern mit einem Wurzelpilz in Symbiose. Der Symbiosepilz verbessert die Wasser- und Nährsalzaufnahme durch die Wurzeln entscheidend. Ohne den Symbiosepilz kümmert die Kiefer vor sich hin und stirbt vorzeitig ab.

Standort: Die Schwarzkiefern lieben einen hellen, vollsonnigen Standort. Im Winter sollten der Wurzelballen gegen Durchfrieren und das Laub vor eisigen, trockenen Winden geschützt werden.

Gießen: Im Winter und im Frühjahr sparsam gießen, die Erde aber nicht austrocknen lassen. Im Sommer gleichmäßig feucht halten, aber Staunässe vermeiden. Staunässe schädigt den Symbiosepilz und damit auch den Baum.

Düngen: Mit dem Düngen erst beginnen, wenn der Neuaustrieb fast abgeschlossen ist. Danach bis Ende August alle vier Wochen mit Flüssigdünger oder Kugeldünger.

Erde: Grunderdmischung mit erhöhtem Sandanteil. Feine Staubteile gut aussieben, da durch sie die Drainageschicht versumpfen kann.

Japanische Schwarzkiefer (*Pinus thunbergiana*) in
frei aufrechter Form. Eine imposante Besonder-
heit hier ist der stark gedrehte Stamm.
(Bonsai Sekai, Japan)

Umtopfen: Alle drei bis fünf Jahre im zeitigen Frühjahr oder Ende August mit einem
Wurzelschnitt. Alte Schwarzkiefern erhalten nur noch einen geringen Wurzelschnitt, da sie ein deutlich geringeres
Wurzelwachstum haben.
Auf jeden Fall sollte die unterste Erdschicht aus gröberem Material sein. Diese
Erdschicht soll eine gute Drainagewirkung haben.

Die Pflanzerde wird mit einigen Handvoll
alter Erde mit Symbiosepilzen geimpft.
Schon nach kurzer Zeit hat sich der Pilz im
ganzen Erdreich verbreitet.

Formgebung: Die Äste sollten leicht abwärts geneigt gedrahtet werden, wobei
die Triebspitzen nach oben zu richten
sind.
Muß die Form bei einer Japanischen
Kork-Schwarzkiefer, *Pinus thunbergiana*
var. *corticosa*, korrigiert werden, arbeitet
man vorsichtshalber mit Spanndrähten.
Auf diese Weise wird die schöne Borke
am besten geschont.
Die richtige Zeit für das Eindrahten ist

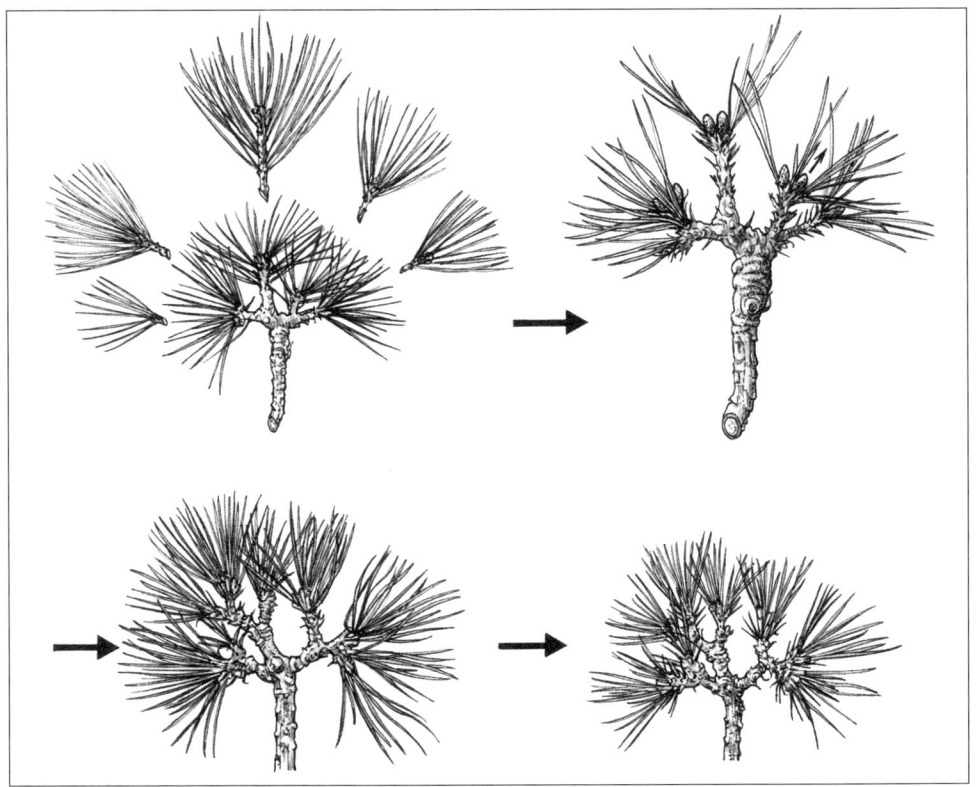

Oben links: Ende Mai werden die neuen Triebe ganz abgeschnitten.

Oben rechts: Bis auf wenige Zweierpaare werden die alten Nadeln abgezupft.

Unten links: Um die Schnittstelle herum haben sich mehrere kleine Knospen gebildet, die entweder im selben Jahr oder im nächsten Frühjahr mit kürzeren Nadeln austreiben.

Unten rechts: Die restlichen alten Nadeln werden nach dem Zweitaustrieb ebenfalls abgezupft.

kurz vor dem Austrieb im Frühjahr. Zu diesem Zeitpunkt können auch dickere Äste zurückgeschnitten werden.
Ein Problem sind die langen Nadeln der Japanischen Schwarzkiefer. Schnell wirkt ein Schwarzkiefern-Bonsai unförmig. Man kann natürlich zu lange Nadeln mit der Schere einkürzen, aber die braunen Nadelspitzen sind doch sehr störend.
Besser ist die sogenannte Zweijahres-Methode (siehe auch Abbildung oben): Bis circa Ende Mai läßt man die neuen Triebe durchwachsen. Deutlich sind die sehr langen Nadeln zu sehen. Nun werden alle neuen Triebe, die länger als drei Zentimeter sind, mit einer Schere abgeschnitten. Gleichzeitig zupft man die älteren Nadeln bis auf wenige Zweierpaare in der Nähe der neuen Triebspitze ab. Man kann die Nadeln auch bis kurz vor der Blattscheide abschneiden. Die Reste werden bald braun und fallen ab.
Rund um die Schnittstelle bilden sich

mehrere kleine Knospen, aus denen im nächsten Jahr kleinere Kerzen mit kürzeren Nadeln wachsen. In Japan erfolgt dieser Zweitaustrieb noch im selben Jahr, was bei uns aus klimatischen Gründen meist nicht geschieht.

Werden die neuen Triebe zu lang, können sie um bis zu drei Viertel ihrer Gesamtlänge eingekürzt werden. Das Einkürzen geschieht, bevor sich die Nadeln aus ihren Blattscheiden zu strecken beginnen.

Im darauffolgenden Jahr kommen aus den Knospen wieder sehr kräftige Triebe mit langen Nadeln hervor. Jetzt verfährt man wie im ersten Jahr.

Japanische Aprikose, Zierkirschen

Freiland-Bonsai

Prunus mume
Jap.: Ume
Prunus sargentii
Prunus serrulata

Unter dem Ordnungsnamen *Prunus* fassen die Botaniker etwa 430 Arten und unzählige Zuchtformen aus der Familie der Rosengewächse zusammen. Zu ihnen zählen die Pflaumen, die Kirschen, die Pfirsiche und die Mandeln. Im Prinzip sind fast alle Arten aus der Gattung *Prunus* für die Bonsai-Gestaltung geeignet.

Ich will hier nur die wichtigsten Arten, die auch tatsächlich in der Bonsai-Gestaltung verwendet werden, vorstellen. Wollen Sie auch andere Arten zum Bonsai gestalten, so gelten in den meisten Fällen dieselben Pflegebedingungen, wie sie hier beschrieben sind.

Die Japanische Aprikose (*Prunus mume*) ist ein breitkroniger Baum von bis zu zehn Meter Höhe. Die Rinde ist rötlichbraun und glänzend. Die dünnen Zweige sind grün. Die Blätter werden vier bis zehn Zentimeter lang, sind eiförmig, scharf gesägt und frischgrün. Auf der Unterseite bleiben sie zumindest längs der Blattnerven fein behaart.

Vor den Blättern erscheinen im April die weißen bis dunkelrosa Blüten. Meist sitzen die Blüten zu zweit beisammen und duften vor allem abends stark.

Die reifen Früchte sind bis drei Zentimeter dick, gelb bis bräunlichrot und nicht eßbar.

Die Bergkirsche (*Prunus sargentii*) ist ein bis 20 Meter hoher Baum mit geradem Wuchs und breiter Krone. Die Rinde ist rötlichbraun und glatt. Ebenfalls rötlich sind die jungen Triebe im Austrieb. Die sechs bis zwölf Zentimeter langen Blätter sind elliptisch mit langer Spitze und grob gesägt. Die Blattstiele haben zwei kleine rötliche Drüsen. Aus jeder Blütenknospe kommen kurz vor den Blättern zwei bis vier rosa Blüten. Aus ihnen entwickeln sich ein Zentimeter lange, eiförmige, glänzend dunkelrote Früchte, die nicht eßbar sind.

Berühmt durch das alljährlich stattfindende Kirschblütenfest ist die Japanische Blütenkirsche (*Prunus serrulata*), von der es unglaublich viele Zuchtformen gibt. Am häufigsten wird die Berg-Blütenkirsche (*Prunus serrulata* var. *spontanea*) in der Bonsai-Gestaltung verwendet.

Sie wird zwölf bis 14 Meter hoch und hat häufig stark abstehende Äste. Stamm und Äste haben eine schöne bräunliche Rin-

Japanische Aprikose (Prunus mume) in frei aufrechter Form. Nach der verschwenderischen
Blütenpracht werden die Blütenzweige stark zurückgeschnitten.
(Bonsai Sekai, Japan)

denfärbung. Junge Triebe haben im Austrieb eine dunkelkupferrote Färbung, die
später dann grünlich wird.
Die bis acht Zentimeter langen Blätter
sind eiförmig mit langer Spitze und doppelt gesägt. Gemeinsam mit den Blättern
erscheinen die weißen oder rosa Blüten,
die meist zu dritt beisammenstehen. Aus
ihnen entwickeln sich sieben Millimeter
dicke, fast kugelige, dunkelrote Früchte.

Standort: Vom Frühjahr bis zum Herbst
vollsonnig aufstellen. Im Winter den Wurzelballen gegen Durchfrieren schützen.

Gießen: Vor allem während der Blütezeit
gut feucht halten, aber nicht überbrausen,
da sonst die Blüten geschädigt werden.
Auch sollte Staunässe vermieden werden. In der übrigen Zeit gleichmäßig
feucht halten.

Düngen: Mit Düngergaben erst nach der
Blüte beginnen, da Dünger zu einem früh-
zeitigen Blütenabwurf führt. Danach bis
Ende August alle zwei Wochen mit einem
ausgewogenen Flüssigdünger versorgen.
Als Abschlußdüngung im September

einen kaliphosphorbetonten Dünger verwenden.

Erde: Grunderdmischung.

Umtopfen: Alle zwei Jahre nach der Blüte mit nur mäßigem Wurzelschnitt.

Formgebung: Der gewünschte reiche Blütenansatz zwingt teilweise in der Bonsai-Gestaltung zu Kompromissen.
Nach der Blüte wird der Bonsai in die beabsichtigte Bonsai-Form geschnitten. Lediglich wenige Fruchtansätze bleiben dabei erhalten, was aber auch sein Gutes hat. Läßt man nämlich zu viele Früchte heranreifen, schwächt das nur unnötig den Baum.
Man schneidet bei einem ausgereiften Bonsai auf ein bis drei Triebknospen zurück. Soll der Baum sich noch entwickeln, läßt man entsprechend mehr Triebansätze stehen.
Sobald die neuen Triebe einen Wachs-tumsstillstand zeigen, werden am Triebansatz die ersten drei Blätter abgezupft. Hier sollen sich nun neue Blütenknospen für das nächste Jahr bilden. Danach schneidet man den Trieb zurück, so daß drei Blätter stehen bleiben.
Alle Triebe, die auf einem Ast streng nach oben oder unten wachsen, werden entweder frühzeitig ganz entfernt oder, sobald sie auszuhärten beginnen, mit Draht in die Astetage gebogen.
Gedrahtet werden Triebe mit papierumwickeltem Draht, sobald diese auszuhärten beginnen. Im Spätherbst, nach dem Laubabwurf, wird der Draht wieder entfernt.
Im zeitigen Frühjahr können dickere Äste entfernt oder die Form störende Äste eingekürzt werden. Dabei achtet man darauf, daß die Blütenknospen nicht entfernt werden. Blütenknospen sind rundlich, während Triebknospen spitz zulaufend sind.

Granatapfel

Kalthauspflanzen

Punica granatum
Jap.: Zakuro

Der Apfel, den Paris in einer griechischen Sage einer der drei Grazien übergeben haben soll, war ein Granatapfel. Tatsächlich ist die Frucht aber kein Apfel, sondern eine Scheinbeere mit vielen von Fruchtfleisch umgebenen Samen.
Der Granatapfel ist ein zwei Meter hoher, stark verästelter Strauch mit teilweise dornenbesetzten Trieben und graubrauner Rinde. An Langtrieben stehen die Blätter entweder gegen- oder auch wechselständig. An Kurztrieben bilden sie häufig kleine Büschel. Die Blätter sind drei bis acht Zentimeter lang, länglich elliptisch und hellgrün.
Die trichterförmigen, korallenroten Blüten entwickeln sich an den Triebspitzen und erscheinen in Gruppen aus bis zu fünf Einzelblüten von Juni bis September. Für die Bonsai-Gestaltung besser geeignet ist die Zwergform 'Nana', da sie kürzere Blätter und kleinere Blüten hat. Auch sind die Früchte deutlich kleiner und passen daher besser zu der Form eines Bonsai.

Standort: Vom Frühjahr bis zum Herbst an einem hellen, vollsonnigen Fensterplatz oder besser noch im Freien. Nach dem Laubabwurf im Spätherbst ist eine frostfreie Überwinterung notwendig. Der

Granatapfel (*Punica granatum*) in einer Land-
schaftsgestaltung. Die Bäume sind in Form einer
niederrheinischen Kopfbaumlandschaft gestaltet.
(Gestaltung: Horst Stahl)

Standort sollte ein helles, kühles Zimmer
bei Temperaturen von etwa 10 °C sein.

Gießen: Das ganze Jahr über gleichmäßig,
aber nur mäßig feucht halten. Während
der Blüte und eventuellen Fruchtbildung
kann etwas mehr gegossen werden. Niemals sollte der Boden sehr naß sein, da
sonst die Gefahr von Staunässe besteht.

Düngen: Vom Laubaufbruch bis zum
Herbst alle zwei Wochen mit einem ausgewogenen Flüssigdünger. Im Winter
wird im laublosen Zustand nicht gedüngt.

Erde: Grunderdmischung oder Granatapfelerde (siehe S. 119 und 120).

Umtopfen: Alle zwei bis drei Jahre im zeitigen Frühjahr mit einem Wurzelschnitt.

Formgebung: Mit Hilfe von Draht formt
man den Baum in frei aufrechter oder
streng aufrechter Form. Die Äste werden
leicht abwärts geneigt gedrahtet. Die Verzweigung sollte jeweils flache Astetagen
ergeben.
Die beste Zeit für das Drahten ist das Frühjahr, sobald die Knospen beginnen auszutreiben. Vorher sind die Triebe noch sehr
unflexibel und daher brüchig. Junge
Triebe können während der gesamten
Wachstumszeit gedrahtet werden, sobald sie auszuhärten beginnen. Nach spätestens einem Jahr wird der Draht wieder
entfernt.
Langtriebe läßt man bis Mitte Juni regelmäßig bis auf sechs oder acht Blattpaare
wachsen und schneidet dann auf zwei bis
drei Blattpaare zurück. Kurztriebe läßt
man unbeschnitten, wenn sie die Form
nicht stören. Vor allem Triebe, die senkrecht nach oben wachsen, hält man
durch rechtzeitigen Rückschnitt kurz.
Haben sich erst einmal dichte Astetagen
gebildet, kann man den Granatapfel
durch reinen Rückschnitt in Form halten.

Die Blüten erscheinen immer an den Triebspitzen, weshalb man ab Mitte Juni wachsende Triebe unbeschnitten läßt.

Erst nach der Blüte wird die Form wieder durch einen kräftigen Rückschnitt herausgearbeitet.

Eichen

Freiland-Bonsai

Quercus petraea
Quercus robur

Die Eichen sind mit 450 Arten auf der gesamten nördlichen Erdhalbkugel verbreitet. Sie sind eng verwandt mit den Buchen und bilden häufig mit ihnen gemeinsame Mischwälder.
Für den Bonsai-Freund sind eigentlich nur die Vertreter der sogenannten Borken-Eichen von Interesse. Wie ihr Name schon sagt, haben sie eine tiefrissige Borke und stellen alle eine imposante Baumgestalt dar.
Die Trauben-Eiche (*Quercus petraea*) ist ein bis 45 Meter hoher Baum mit meist bis zum Wipfel gerade durchgehendem Stamm. Die Rinde ist längsrissig, gerippt und dunkelgraubraun.
Die jungen Triebe sind glänzend olivgrün bis braun. Die Blätter haben zu beiden Seiten fünf bis sieben Buchten, werden acht bis zwölf Zentimeter lang und haben einen ein bis 1,6 Zentimeter langen Blattstiel. Die Eicheln sitzen zu mehreren an ganz kurzen Stielen.
Die Stiel-Eiche (*Quercus robur*) ist ein mächtiger, starkästiger Baum mit unregelmäßiger Gestalt. Der Stamm geht meist nicht gerade bis zum Wipfel durch, sondern verzweigt sich bereits recht weit unten, wodurch er breitkronig wird. Die Borke ist dick, längsrissig gefeldert, tiefgefurcht und dunkelgrau.

Junge Zweige sind graugrün bis graubraun und riefig gefurcht. Die Blätter haben zu beiden Seiten fünf bis sechs rundliche Buchten, werden fünf bis 14 Zentimeter lang und etwa halb so breit. Sie sitzen auf einem nur wenige Millimeter langen Blattstiel. Ihren deutschen Namen hat die Stiel-Eiche durch die langgestielten Eicheln bekommen.

Standort: Die Eichen sind sehr lichtbedürftig. Nur an einem hellen, vollsonnigen Standort können sie sich gut entwickeln und ihre typische dichte Verzweigung aufbauen. Im Schatten neigen sie dazu, die Äste verkahlen zu lassen. Im Winter müssen der Wurzelballen gegen Durchfrieren und die oberirdischen Teile gegen strenge Fröste (ab −5 °C) geschützt werden.

Gießen: Die Eichen lieben zwar einen gut feuchten Boden, sind aber sehr empfindlich gegen Staunässe. Um beiden Forderungen gerecht zu werden, sollte auf eine gute Drainagewirkung der Erde geachtet werden. Überschüssiges Wasser muß ungehindert abfließen können.

Düngen: Vom Frühjahr, nach dem Laubaufbruch, bis Ende August alle vier Wochen mit einem Flüssigdünger mit vermindertem Stickstoffanteil. Bei hohem Stickstoffanteil werden die Blätter sehr groß.

Erde: Grunderdmischung mit gröberem Sandanteil. Feine Sandanteile müssen gut ausgesiebt werden.

Umtopfen: Alle drei bis fünf Jahre im Frühjahr mit einem Wurzelschnitt. Wichtig ist eine gute untere Drainageschicht.

Stiel-Eiche *(Quercus robur)* in frei aufrechter Form aus einem Findling gestaltet. Solche imposanten Baumarten eignen sich nur für größere Bonsai. (Gestaltung: Wolfgang Käflein)

Formgebung: Um dem imposanten Charakter dieser Bäume gerecht zu werden, sollten Eichen als größere Bonsai mit ausladender Krone gestaltet werden.

Bei der ersten Gestaltung kommt man meist nicht umhin, die Äste und Zweige mit Hilfe von Draht in die für Eichen typische hin- und herwindende Form zu bringen. Die Äste sind im unteren Stammbe-

reich leicht nach unten bis waagerecht angeordnet. Je weiter man in den Wipfelbereich kommt, um so stärker weisen die Äste fächerartig nach oben.

Während sich die Trauben-Eiche mehr für die streng aufrechte Form eignet, wird die Stiel-Eiche eher in frei aufrechter Form gestaltet.

Bei einem bereits gut gestalteten Eichen-Bonsai läßt man die neuen Triebe auf sechs bis acht Blätter wachsen und schneidet sie dann auf zwei bis drei Blätter zurück. Sind die ersten Blätter sehr groß, kann man etwa vier Wochen nach dem Austrieb einen Blattschnitt vornehmen. Die nachfolgenden Blätter sind meist kleiner als die erste Garnitur.

Häufig werden Eichen von Gallwespen befallen, die ihre Eier in die Blattunterseiten legen. Die Larven regen den Baum zur Bildung kleiner rundlicher Gebilde an, in denen sie leben. Befallene Blätter sollten entfernt werden, um Neuinfektionen anderer Blätter zu verhindern.

Azaleen

Freiland-Bonsai

Rhododendron indicum
Jap.: Satsuki
Rhododendron kaempferi
Jap.: Yama tsutsuji
Rhododendron obtusum
Jap.: Kurume tsutsuji

Alle Azaleen gehören zur Ordnung Rhododendron. Unter ihnen gibt es sowohl immergrüne als auch laubabwerfende Arten. Von allen Azaleen existiert eine große Anzahl Zuchtformen mit zum Teil verschwenderischer Blütenpracht. Die Blüten erscheinen immer an den Spitzen der vorjährigen Triebe.

Obwohl alle Azaleen eher als Sträucher anzusehen sind, kann man bei allen durch geeignete Schnittmaßnahmen eine Baumform mit einem sehr schönen Einzelstamm oder mit einem Mehrfachstamm herausarbeiten. In Japan gestalten viele Bonsai-Freunde ausschließlich aus Azaleen Bonsai in allen Grundstilarten. Die Borke aller Azaleenarten ist rotbraun bis graubraun und glatt. Dennoch wirken die Stämme nicht langweilig, da die Stammsilhouette längs der Hauptleitungsbahnen im Alter knotig vortritt.

Die Satsuki-Azaleen (*Rhododendron indicum*) werden in Japan sehr häufig zu Bonsai gestaltet. Man kann sagen, daß die vielen Zuchtformen der Satsuki-Azalee geradezu zum Inbegriff für Azaleen-Bonsai geworden sind.

Die Blätter sind 2,5 bis 3 Zentimeter lang, oval mit einer Spitze und beiderseits borstig behaart. Die breit trichterförmigen Blüten stehen allein oder zu zweit zusammen und erscheinen in den Monaten Mai bis Juni. Die Blütenfarben reichen je nach Zuchtform von Scharlachrot über Hochrot bis hin zu Rosa. Es gibt sogar Zuchtformen mit zweifarbigen Blüten.

Gut geeignet ist auch die Bergazalee (*Rhododendron kaempferi*). Sie ist je nach Klima sommergrün oder immergrün. Entsprechend wirft sie in kälteren Gegenden im Herbst ihr Laub ab. In wärmeren Gegenden bleiben die Blätter mehr oder weniger den Winter über erhalten. Die jungen Triebe sind zunächst rosafarbig behaart, werden aber später kahl und grau.

Die immergrüne Stumpfblattazalee (*Rhododendron obtusum*) erfreut sich in Japan ebenfalls großer Beliebtheit. Die jungen Triebe liegen zunächst dicht an und sind behaart. Die Frühjahrsblätter sind bis vier Zentimeter lang, eiförmig und werden im Herbst abgeworfen. Die Sommerblätter sind deutlich kleiner und schmaler, sie verbleiben den Winter über an der Azalee. Die Blütezeit ist im Mai. Die einzeln oder in Gruppen zu dritt stehenden Blüten sind tiefrot oder karminrot.

Standort: Im Sommer vollsonnig bis halbschattig. Im Winter vor Frost unter −5 °C schützen.

Gießen: Nach dem ausgiebigen Wässern

Stumpfblattazalee *(Rhododendron obtusum)* in Besenform. Bei dieser knapp 15 Zentimeter hohen Azalee fällt der stark ausgeprägte Stamm besonders auf.
(Besitz: Horst Stahl)

warten, bis die Erde leicht antrocknet, dann wieder gut wässern. Vor allem in der Blütezeit sollte die Erde nie ganz trocken werden.

Düngen: Mit dem Düngen erst nach der Blüte beginnen. Bis Ende August mit einem Azaleendünger alle drei bis fünf Wochen.

Erde: Azaleenerde (siehe Seite 120).

Umtopfen: Alle zwei bis drei Jahre nach der Blüte mit einem Wurzelschnitt.

Formgebung: Nach der Blüte werden alle verwelkten Blütenstände und entstandenen Fruchtansätze mit den Fingern abgezupft. Jetzt ist auch die richtige Zeit für einen Formschnitt. Alle überlangen Triebe werden wieder in Form gebracht, die Astetagen durch Ausdünnen und Drahten neu ausgeformt und die Nebentriebe auf der Oberseite der Äste stark beschnitten. Auch Triebe, die nach dem Beschneiden keine Blätter mehr tragen, treiben aus schlafenden Augen neu aus.

Am Grund des ehemaligen Blütenstands treiben zwei bis fünf neue Triebe aus. Bis auf die zwei Triebe, die in der Ebene der Etage liegen, werden alle anderen entfernt. Das gilt vor allem für die Triebe, die steil nach oben oder unten wachsen. Die verbleibenden Triebe läßt man auf sechs bis acht Blätter wachsen und kürzt

Häufig bilden sich am Wurzelhals oder an Astansätzen unerwünschte Triebe. Diese Triebe werden schnellstmöglich ganz entfernt.

Satsuki-Azalee *(Rhododendron indicum)* in frei
aufrechter Form. Azaleen werden nicht nur wegen ihrer Blütenpracht, sondern auch wegen ihrer baumartigen Form zum Bonsai gestaltet.
(Besitz: Bonsai-Centrum Heidelberg)

dann auf zwei bis drei Blätter ein. Die
Triebe sollten zu diesem Zeitpunkt noch
so weich sein, daß sie mit den Fingerspitzen gezupft werden können.
Die Drahtung der Triebe sollte vorgenommen werden, sobald die neuen Triebe
auszuhärten beginnen. Bei dickeren
Ästen ist beim Drahten Vorsicht geboten,
da sie leicht an ihrer Ansatzstelle abknik-
ken. Bei größeren Formkorrekturen ist es
ratsam, die Gesamtbiegung des Astes
über mehrere Jahre zu verteilen. In jedem Jahr wird der Ast ein klein wenig stärker gebogen, bis er schließlich seine endgültige Form erreicht hat.

Sageretie

Zimmer-Bonsai

Sageretia theezans

In ihrer Heimat wird die Sageretie ein
zwei bis drei Meter hoher, reich verzweigter Strauch. Die zunächst braune oder
graue, glatte Borke löst sich nach einigen
Jahren in unregelmäßigen Platten ab, dies
gibt dem Stamm eine lebhafte Färbung.
Die Blätter sind auf beiden Seiten glänzend hellgrün, klein, recht dünn elliptisch
bis oval und leicht gezähnt. Die Blätter
verbleiben das ganze Jahr über am Baum.
Die weißen Blüten erscheinen von August bis November an den Spitzen dies-
jähriger Triebe in Form einer Rispe.

Standort: Das ganze Jahr über an einem
hellen Fensterplatz, der vor der prallen
Mittagssonne geschützt werden sollte.
Im Sommer ist ein halbschattiger Standort im Freien zu empfehlen. Im Herbst,
wenn die Außentemperaturen in der
Nacht unter 15 °C liegen, erhält sie wieder ihren Zimmerplatz. Während des
Winters sind Temperaturen zwischen
18 °C und 24 °C einzuhalten.

Gießen: Das ganze Jahr über gleichmäßig
gut feucht halten. Gegen Staunässe ist die
Sageretie sehr empfindlich und wirft
dann schnell ihr Laub ab. Auch sollte, zur
Erhöhung der Luftfeuchtigkeit, regelmäßig übersprüht werden.

Düngen: Man beginnt mit einem zwei-
wöchigen Düngerhythmus im Frühjahr,
wenn wieder ein stärkeres Wachstum ein-
setzt. Von September bis zum Frühjahr

Sageretie (*Sageretia theezans*) in frei aufrechter Form. Eindrucksvoll ist der Stammfuß und der knorrige Stamm mit Rindenfärbung in verschiedenen Schattierungen.
(Besitz: Jochen Wendland)

bekommt die Sageretie alle vier Wochen Flüssigdünger.

Erde: Grunderdmischung.

Umtopfen: Alle zwei Jahre im zeitigen Frühjahr mit normalem Wurzelschnitt.

Formgebung: Im Frühjahr wird ein Formschnitt durchgeführt und bei Bedarf auch gedrahtet. Die Äste sollten horizontal bis leicht abwärts geneigt geformt werden. Der obere Kronenbereich wird halbrund beschnitten.

Den Neuaustrieb läßt man auf sechs bis acht Blattpaare wachsen und schneidet dann auf zwei bis drei Blattpaare zurück. Sind Blüten erwünscht, muß man Mitte Juli mit dem Schneiden aufhören. An den Spitzen der nun wachsenden neuen Triebe erscheinen dann im August/September die Blüten. Nach der Blüte werden die Triebe wieder stark zurückgeschnitten.

Diesjährige Triebe können gedrahtet werden, sobald sie auszuhärten beginnen. Nach etwa einem halben Jahr wird der Draht entfernt.

Baum der tausend Sterne

Zimmer-Bonsai

Serissa foetida

Seine Blütenpracht brachte diesem kleinen, bis 60 Zentimeter hohen Strauch seinen deutschen Namen, Baum der tausend Sterne, ein. Die kleinen weißen Blüten funkeln vor dem dunkelgrünen Laub wie viele kleine Sterne am dunklen Firmament. Die röhrenförmigen Blüten erscheinen das ganze Jahr über, aber verstärkt im Juni (daher auch Junischnee genannt), in den Achseln der Blätter.

Die nur zwei bis drei Zentimeter langen Blätter sind länglich, elliptisch und verbleiben das ganze Jahr am Baum. Die Rinde ist grauweiß und blättert nach einigen Jahren in dünnen Streifen ab.

Der Artname *foetida* bedeutet »die Stinkende«. Diese Bezeichnung kommt von dem unangenehmen Geruch, den die Wurzeln bei einem Wurzelschnitt verströmen.

Standort: Der Standort sollte hell, aber vor der prallen Mittagssonne geschützt sein. Die Serissa kann zwar das ganze Jahr über im Zimmer gepflegt werden, ist im Sommer aber für einen Standort im Freien dankbar. Im Winter kommt der Baum wieder ins Zimmer und braucht dann Temperaturen zwischen 14 °C und 18 °C. Bei einer Nachtabsenkung der Heizungstemperatur kann die Tagestemperatur etwas höher liegen. Auf keinen Fall darf die Serissa direkt über einer Heizung stehen. Zugluft und Standortwechsel beantwortet sie häufig mit einem starken Laubabwurf. Nach kurzer Zeit hat sie sich aber wieder erholt und bringt neues Laub hervor.

Baum der tausend Sterne (Serissa foetida) als
Zweifachstamm. Eine aus China importierte
Pflanze, wie man sie in vielen Bonsai-Centren fin-
den kann.
(Besitz: Bonsai-Centrum Heidelberg)

Gießen: Die Erde muß immer gut feucht
gehalten werden. Gegen Staunässe ist
die Serissa allerdings ausgesprochen
empfindlich.

Düngen: Im Sommer alle zwei Wochen,
im Winter alle vier Wochen mit einem
Flüssigdünger.

Erde: Grunderdmischung

Umtopfen: Alle zwei bis drei Jahre mit
mäßigem Wurzelschnitt im Frühjahr.

Formgebung: Die typische Gestaltungs-
form ist die frei aufrechte Form, wobei die

Astetagen leicht abwärts geneigt geformt werden. Auf der Oberseite der Etagen werden die Nebentriebe recht kurz gehalten. Man läßt die Triebe auf drei bis vier Blattpaare wachsen und schneidet dann auf ein bis zwei Blattpaare zurück. Immer wieder bilden sich direkt am Stamm und auf den freigelegten Wurzeln Schößlinge, die sofort abgezupft werden. Alle zwei bis drei Jahre wird die Serissa im Frühjahr stark (bis ins alte Holz) zurückgeschnitten. Dadurch verjüngt sich der Baum von innen her und erlangt wieder seine kompakte Form.

Verholzte Triebe können das ganze Jahr über gedrahtet werden. Da die Äste und Zweige recht hart sind, können sie beim Drahten recht leicht abgeknickt werden. Nach einem halben bis ganzen Jahr wird der Draht entfernt.

Chinesische Ulmen

Kalthauspflanzen

Ulmus parvifolia
Jap.: Aki nire
Ulmus parvifolia var. *suberosa*
Jap.: Nire keyaki

In China, Korea und Japan wird die Chinesische Ulme ein bis zu 15 Meter hoher Baum mit breiter Kugelkrone und ist unempfindlich gegen die Ulmenkrankheit. Die Borke ist auch bei alten Bäumen grau und glatt. Sie löst sich aber in großen, runden Platten ab und läßt die braune Innenseite sichtbar werden. Die zwei bis drei Zentimeter langen Blätter sind elliptisch bis eiförmig, ziemlich derb ledrig und glänzend grün. Die Blätter bleiben, je nach Überwinterungstemperatur, bis tief in den Winter grün an den Trieben. Daneben gibt es die Zuchtformen 'Frosty' und 'Chessins' mit weißbunten, nur einen Zentimeter langen Blättern.

Die Chinesische Korkulme (*Ulmus parvifolia* var. *suberosa*) ist eine natürlich vorkommende Mutation der Art, hat aber eine starke, tiefrissige Borke, die häufig schon an jungen Trieben zu erkennen ist.

Standort: Im Sommer entweder an einem hellen Fenster im Zimmer oder vollsonnig im Freien. Im Winter entweder in einem kühlen Zimmer bei 6 °C bis 10 °C oder bei Temperaturen von 18 °C bis 20 °C. Bei warmer Überwinterung verliert der Baum sein Laub häufig nicht.

Gießen: Im Sommer gut wässern, die Erde leicht antrocknen lassen und dann erneut wässern. Im Winter bei kühler Überwinterung mäßig feucht halten; bei warmer Überwinterung wie im Sommer wässern.

Düngen: In der Wachstumszeit alle vier Wochen mit Flüssigdünger. Im Winter nicht düngen.

Erde: Grunderdmischung.

Umtopfen: Alle zwei bis drei Jahre im Frühjahr mit normalem Wurzelschnitt.

Formgebung: Im zeitigen Frühjahr wird ein Formschnitt durchgeführt. Alle überlangen oder trockenen Zweige werden eingekürzt oder entfernt. Jetzt können auch dickere Äste bei Bedarf entfernt und gedrahtet werden.

Junge Triebe läßt man jeweils auf sechs bis acht Blätter heranwachsen und schnei-

det dann auf zwei bis drei Blätter zurück. Zur besseren Verzweigung kann gleichzeitig ein Teilblattschnitt durchgeführt werden (siehe *Zelkova*, Seite 80).

Gestaltet man die Chinesische Ulme in Besenform, werden die Triebe im Spätherbst bei kühler Überwinterung wie bei den Zelkoven zusammengebunden. Wird sie in frei aufrechter oder streng aufrechter Form gestaltet, werden die Triebe, sobald sie verholzen, gedrahtet und Astetagen aufgebaut.

Chinesische Korkulme (*Ulmus parvifolia* var. *suberosa*) in frei aufrechter Form als Zweifachstamm. Der kleine Nebenbaum und der große Hauptbaum bringen eine interessante Spannung in die Gestaltung.
(Besitz: Bonsai-Zentrum Schinznach, Schweiz)

Wistarie *(Wisteria floribunda)* in frei aufrechter Form. Die reichlich vorhandenen Blütenrispen haben sich bereits gestreckt. Bald werden sich die Blüten vom Rispenansatz aus nach und nach entfalten.
(Besitz: Bonsai-Centrum Heidelberg)

Wistarie

Freiland-Bonsai

Wisteria floribunda
Jap.: Fuji

Die Wistarie wird auch unter den Namen Blauregen und Glyzine geführt. Sie ist eine Kletterpflanze, der man durch entsprechenden Schnitt dennoch den Charakter eines Baumes geben kann. Der Stamm hat eine graubraune Borke, die im Alter feinstrukturiert rissig wird.

Jedes Blatt besteht aus 13 bis 19 ganzrandigen Einzelblättchen. Man nennt solche Blätter unpaarig gefiedert. Die Teilblättchen sind vier bis acht Zentimeter lang, im Austrieb kurz behaart, beiderseits hellgrün und dünnhäutig.

Die Blüten sind violett und bilden 20 bis 50 Zentimeter lange, hängende Trauben. Die Trauben erblühen nach und nach von der Basis zur Spitze hin. Die Blütezeit ist in den Monaten Mai und Juni, dann verströmen die Blüten einen starken, süßlichen Duft.

Standort: Im Sommer an einem vollsonnigen Standort. Im Winter den Wurzelballen vor dem Durchfrieren schützen.

Gießen: Im Sommer ist der Wasserbedarf am größten. Deshalb stellt man die Wistarie in ein flaches Wasserbad. Der Wasserspiegel sollte den Schalenboden gut erreichen.

Im Frühjahr bis zum Ende der Blütezeit den Boden durch Gießen gut feucht halten. Im Winter nur mäßig feucht halten.

Düngen: Wie alle Leguminosen hat die Wistarie an ihren Wurzeln kleine Knöllchen, in denen Bakterien leben, die sie mit Stickstoff versorgen. Daher verwendet man nur einen stickstoffarmen Dünger alle vier Wochen. Im Winter wird nicht gedüngt.

Erde: Wistarienerde (siehe S. 120).

Umtopfen: Alle zwei Jahre nach der Blütezeit mit mäßigem Wurzelschnitt.

Formgebung: Nach der Blüte treibt die Wistarie meist mit recht langen Klettertrieben aus. Bis Ende Juli läßt man diese Triebe ungehindert wachsen und schneidet dann auf ein bis zwei Knospen zurück. Der Zweitaustrieb ist meist kürzer und bleibt unbeschnitten. Häufig bilden sich auch kürzere Nebentriebe, an denen sich vorzugsweise Blütenknospen für das nächste Jahr bilden. Diese Nebentriebe bleiben ebenfalls unbeschnitten.

Lange, unverzweigte Äste können nach der Blüte stark zurückgeschnitten werden. Aus schlafenden Augen verzweigen sich die Äste dichter am Stamm.

Sobald die jungen Triebe verholzen, können sie bei Bedarf gedrahtet werden. Verholzte, mehrjährige Triebe müssen vorsichtig gebogen werden, da sie recht unflexibel sind. Nach etwa einem Jahr kann der Draht entfernt werden.

Zelkoven

Freiland-Bonsai

Zelkova carpinifolia
Zelkova serrata
Jap.: Keyaki

Die Zelkoven gehören der Familie der Ulmengewächse an und sind den Ulmen recht ähnlich. Beide Arten werfen nach einer schönen Herbstfärbung die Blätter ab. Die Chinesische Zelkove (*Zelkova carpinifolia*) wird ein bis zu 25 Meter hoher, häufig mehrstämmiger Baum mit eiförmiger Krone. Die graue Borke erinnert an die der Rotbuche, blättert aber in kleinen Schuppen ab. Die Blätter haben sechs bis acht Nervenpaare, sind zwei bis fünf Zentimeter lang, spitz zulaufend, am Rand grob gesägt und dunkelgrün. Im Austrieb sind sie rauh, später glatt.

Zelkove (*Zelkova serrata*) in Waldform. Die einzelnen Bäume sind in Besenform gestaltet. Während einige Bäume schon in vollem Laub stehen,
beginnen andere gerade mit dem Öffnen der
Knospen.
(Besitz: Bonsai-Zentrum Schinznach, Schweiz)

Die Japanische Zelkove (*Zelkova serrata*)
hat einen kurzen Stamm, der sich bald
reich verzweigt. Die Krone nimmt von
sich aus die typische Besenform an. In der
freien Natur wird der Baum bis 30 Meter
hoch. Die Borke ist grau und ebenfalls
viele Jahre rotbuchenartig glatt. Im Alter
blättert sie klein und querschuppig ab.
Die Zweige haben eine braunrote, glatte
Rinde. Die Blätter werden zwei bis sechs
Zentimeter lang, sind schmal eiförmig,
scharf gesägt mit spitzen Zähnen und saf-
tig grün. Sie haben acht bis 14 Nervenpaare und einen leicht rötlichen Blattstiel.
Läßt man die Triebe lang austreiben, können die Blätter bis zu 14 Zentimeter lang
werden.

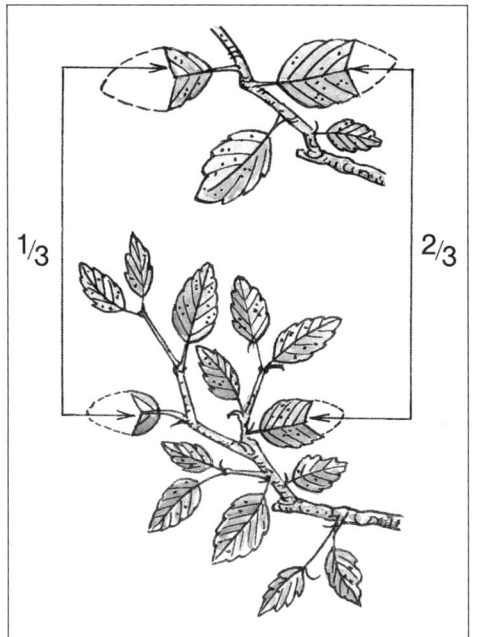

¹/₃ ²/₃

Beim Teilblattschnitt werden die Blattflächen von vorne nach hinten verkleinert. So treiben alle Achselknospen gleichmäßig aus. Die Angaben ¹/₃ und ²/₃ beziehen sich auf die am Baum verbleibende Blattfläche.

Standort: Halbschattig bis vollsonnig in der Wachstumszeit. Im Winter sollte der Wurzelballen vor dem Durchfrieren geschützt werden.

Gießen: Das ganze Jahr über gut feucht, aber nicht naß halten.

Düngen: Vom späten Frühjahr bis Ende August alle zwei Wochen mit Flüssigdünger oder Kugeldünger.

Erde: Grunderdmischung.

Umtopfen: Alle zwei bis fünf Jahre mit einem normalen Wurzelschnitt.

Formgebung: Im zeitigen Frühjahr wird mit einem Formschnitt die Gestaltung überarbeitet. Alle überlangen Triebe werden kurz zurückgeschnitten. Tote Zweige schneidet man heraus. Jetzt können auch dickere Äste bei Bedarf herausgeschnitten werden. Große Spitzenknospen werden bei dem Formschnitt ebenfalls entfernt.

Den jungen Austrieb läßt man auf sechs bis sieben Blätter heranwachsen und schneidet dann auf zwei bis drei Blätter zurück. Für eine gleichmäßigere und feinere Verzweigung wird gleichzeitig ein Teilblattschnitt durchgeführt. Dazu schneidet man von dem großen Spitzenblatt zwei Drittel der Blattfläche ab, von dem zweiten Blatt wird ein Drittel der Blattfläche abgeschnitten, das hinterste, kleinste Blatt bleibt unbeschnitten (siehe Abbildung links). Nach drei bis vier Wochen treiben aus den Achselknospen neue Triebe aus, mit denen wir gleich verfahren wie mit dem Erstaustrieb.

Nach dem Laubfall im Spätherbst werden bei Zelkoven in Besenform die Äste und Zweige mit Hilfe von Bast zu einem Reisigbesen zusammengebunden (siehe Abbildung, Seite 133). Im Frühjahr, vor dem Formschnitt und Austrieb, wird der Bast wieder entfernt. Die Krone nimmt durch diese Maßnahme immer wieder die Besenform ein.

Alle vier bis fünf Jahre werden die Zelkoven stärker beschnitten. Man schneidet die Äste deutlicher zurück als bei einem normalen Formschnitt. Dadurch wird die innere Verzweigung der Krone aus schlafenden Augen wieder neu aufgebaut.

Die tägliche Pflege

Der Lebensraum eines Bonsai ist durch die flache Schale sehr beschränkt. Die geringe Menge an vorhandener Erde kann nur begrenzt Wasser und Nährsalze speichern. In der freien Natur würde der Baum seine Wurzeln auf der Suche nach Wasser und Nährsalzen in alle Richtungen wachsen lassen. Manchmal sind Bäume sogar in der Lage, das Grundwasser anzuzapfen. All diese Möglichkeiten haben Bonsai nicht. Ihr Leben hängt von der Sorgfalt ab, die man ihrer Pflege widmet.
Bevor Sie einen Bonsai kaufen, sollten Sie überprüfen, ob Sie ihm den richtigen Standort bieten können. Auch muß sichergestellt werden, daß dem Bonsai ständig eine ausreichende Menge an Wasser zur Verfügung steht. Eine tägliche Pflege ist in der Regel unerläßlich.

Der richtige Standort

Alle Lebewesen haben sich in einer Jahrmillionen währenden Evolution an die klimatischen Bedingungen einer Region angepaßt. So können auch Bäume, die zu Bonsai gestaltet sind, nur unter den Klimabedingungen auf Dauer weiterleben,

Die Bonsai stehen bei Noburo Kaneko, Japan, auf Holzregalen in Taillenhöhe. Überschüssiges Gießwasser kann gut ablaufen. Jeder einzelne Baum ist bei der Pflege gut zu erreichen.

die denen ihres natürlichen Verbreitungsgebietes entsprechen.

Freiland-Bonsai

Bonsai aus Bäumen unseres Klimabereiches mit seinen deutlich ausgeprägten jahreszeitlichen Klimaunterschieden müssen das ganze Jahr über einen Standort im Freien haben. Entsprechend nennt man solche Bonsai Freiland-Bonsai. Schon eine geringe Anzahl von Tagen (mehr als zwei bis drei Tage) im Zimmer können bei den Bäumen Schäden hervorrufen. Ein Freiland-Bonsai braucht den tageszeitlichen Unterschied an Wärme, Luftfeuchtigkeit und Luftbewegungen sowie den Wechsel von Tag und Nacht. All diese äußeren Bedingungen kann ihm kein Zimmer bieten.

Ein Freiland-Bonsai braucht während der Wachstumszeit (Frühling bis Spätherbst) einen hellen, luftigen Standort in einem Garten, auf einer Terrasse oder auf einem Balkon. Je nach Baumart kann der Standort vollsonnig bis ganz schattiert sein.

Als Stellfläche eignen sich Holzregale, die aus einzelnen Latten bestehen. Zwischen den Holzlatten sollten Zwischenräume sein, damit das überschüssige Gießwasser gut abfließen kann und Staunässe vermieden wird. Bevorzugen Sie aus optischen Gründen Regale mit einer durchgehenden Holzfläche, so sollte diese leicht geneigt sein, damit überschüssiges Wasser abfließen kann. Heikel kann eine glatte Fläche, wie zum Beispiel eine Marmorplatte, sein. Hier bildet sich unter den Abflußlöchern in den Schalen eine Wasserblase, und Staunässe entsteht. Bei solch einer Unterlage sollten Sie nach dem Gießen die Unterseite der Schale überprüfen und vorhandenes Wasser wegwischen.

Der ideale Standort bietet dem Bonsai von allen Seiten gleichmäßige Lichtverhältnisse. Da alle Pflanzen dem Licht entgegenwachsen, muß der Bonsai bei einseitigem Lichteinfall regelmäßig gedreht werden.

Im Laufe des Herbstes stellen sich die Bäume langsam auf die kalte Jahreszeit um. Die Laubbäume zeigen jetzt ihre Herbstfärbung und werfen bald ihre Blätter ab. Auch bei den Nadelbäumen werden nun die älteren Nadeln braun und fallen ab. Die Intensität der Herbstlaubfärbung ist häufig ein Indiz für die Qualität des Standortes. Je farbenfroher die Herbstfärbung zum Beispiel der Ahorne ist, um so idealer war der Standort während der Vegetationszeit. Waren die Bäume während der Wachstumszeit insgesamt richtig versorgt, bilden sie im Herbst auch die nötigen Abwehrstoffe, um die kalte Jahreszeit unbeschadet zu überstehen.

Überwinterung

Im Winter müssen bei Temperaturen unter −5 °C vor allem die Wurzeln geschützt werden. In einem Garten kann man die Bonsai mitsamt ihren Schalen bis oberhalb des Wurzelhalses in die Erde einsenken. Hier sollte der Standort vollschattig sein, damit die Wintersonne einen über Nacht durchgefrorenen Baum nicht einseitig auftaut, während die sonnenabgewandte Seite weiterhin gefroren bleibt. Ansonsten besteht die Gefahr von starken Gewebespannungen innerhalb des Baumes, die zum Absterben ganzer Baumpartien führen können.

Haben Sie keinen Garten, kann eine mit Rinden- oder Nadelstreu gefüllte große Kiste gleich gute Dienste bei der Überwinterung Ihrer Bonsai leisten. In das jewei-

Freiland-Bonsai ertragen es im Winter ohne weiteres, mit Schnee bedeckt zu werden. Lediglich bei Temperaturen unter −5° C sollte der Wurzelballen geschützt werden.

Bei sommergrünen Laub-Bonsai, wie dieser Zelkove, kann im Winter die Astanordnung besser
beurteilt und notwendige Gestaltungsarbeiten
durchgeführt werden.
(Besitz: Bonsai-Zentrum Niederrhein)

lige Substrat werden die Bonsai mit ihren
Schalen eingesenkt. Die Kiste sollte so
groß sein, daß sie bei Regen, Schnee,
Sonne oder extrem niedrigen Temperaturen bis über die Kronen der Bonsai abgedeckt werden kann. Auch müssen im Boden der Kiste ausreichend viele Abflußlöcher sein, damit überschüssiges Wasser
abfließen kann.

In jedem Fall muß die Erde, in die die Bonsai eingesenkt wurden, immer feucht gehalten werden. Die Bonsai entnehmen
der umgebenden Erde die Feuchtigkeit,
die sie über ihre oberirdischen Pflanzenteile auch im Winter verdunsten.
Weitere Überwinterungsmöglichkeiten
bieten ein ungeheizter, heller Raum, ein
Wintergarten oder ein Gewächshaus.
Auch hier dürfen die Temperaturen auf
keinen Fall höher als +10 °C steigen.
Oberhalb dieser Temperatur können die
Bonsai aus ihrem Winterschlaf geweckt
werden und mit einem vorzeitigen Austrieb beginnen. Da im Winter die Lichtverhältnisse für gesundes Wachstum auf kei-

nen Fall ausreichend sind, würden sich jetzt nur ungesunde Triebe bilden, die den Bonsai stark schwächen können. Entsprechend dürfen Freiland-Bonsai auf keinen Fall (auch nicht kurzfristig!) im Winter in geheizte Räume gebracht werden.

Kalthauspflanzen

Unter Kalthauspflanzen verstehen die Gärtner Pflanzen, die in Gegenden mit nur mäßig kalten Wintern vorkommen. Hier erreichen auch im Winter die Temperaturen nur selten Frostgrade. Alle Bäume dieser Regionen legen im Winter eine Ruheperiode ein. Laubbäume wie der Granatapfel oder die Chinesische Ulme werfen zumindest einen Teil ihres Laubes ab. Im Winter ist ein helles, ungeheiztes, aber frostfreies Zimmer für Kalthauspflanzen der richtige Standort.
Kalthauspflanzen können das ganze Jahr über im Zimmer gepflegt werden. Bietet man ihnen im Sommer aber einen Standort im Freien, bleiben die Bäume insgesamt gesünder und damit widerstandsfähiger gegen Erkrankungen. Auch zeigt sich eine intensivere Laubfärbung und der Wuchs ist kräftiger.

Zimmer-Bonsai

Im strengen Sinne als Zimmer-Bonsai kann man nur Pflanzen ansehen, die ihre Heimat in den Tropen haben. Viele dieser Pflanzenarten haben sich schon seit vielen Jahren als Zimmerpflanzen bewährt. Als Beispiele seien hier nur die verschiedenen *Ficus*-Arten genannt.
Ihrer Heimat entsprechend vertragen die tropischen Baumarten das Klima in unseren Wohnräumen recht unterschiedlich. Zwar sind die Temperaturen in unseren Wohnräumen meist ausreichend, Probleme können hingegen bei manchen Arten wegen zu niedriger Luftfeuchtigkeit auftreten.

Im Sommer stehen die Zimmer-Bonsai entweder auf einem hellen, vor praller Sonne geschützten Fensterplatz oder im Freien auf der Terrasse oder dem Balkon auf dem Bonsai-Regal. Da sich die Winter in den Tropen kaum von den Sommern unterscheiden, müssen die Zimmer-Bonsai in dieser Zeit in einem geheizten Raum stehen. Die Bäume sollten möglichst hell an einem Süd-, West- oder Ostfenster plaziert sein. Eine Erhöhung der Luftfeuchtigkeit durch Wasserverdunster ist ratsam. Ist der Standort zu dunkel, sollten die Bonsai mit Pflanzenlampen (mindestens zwölf Stunden am Tag) angestrahlt werden.

Wasser genau dosiert

Jedes Lebewesen besteht zu einem großen Teil aus Wasser. Wasser ist Transportmittel für lebenswichtige Stoffe. In ihm laufen aber auch die chemischen Reaktionen ab, die man als Stoffwechsel bezeichnet. Es ist daher auch für die Bonsai lebensnotwendig, ständig mit der richtigen Wassermenge versorgt zu werden. Die richtige Dosierung von Wasser hängt stark von der Temperatur, dem Standort und der Jahreszeit ab. So kann es an heißen, windigen Sommertagen notwendig sein, mehrmals am Tag zu gießen. Im Winter hingegen muß möglicherweise nur einmal in der Woche Wasser nachgeliefert werden. Grundsätzlich sollte die Erde nie ganz austrocknen, da nur so ein gleichmäßiger Wasserdruck im Pflanzengewebe aufrechterhalten werden kann. Laubbäume verdunsten im Winter auch ohne Laub immer noch Wasser über Stamm, Äste und Zweige. Entsprechend ist auch im Winter für eine ausreichende Erdfeuchte zu sorgen. Natürlich können die Wurzeln nur Wasser aus einem ungefrorenen Boden aufnehmen (siehe Überwinterung, Seite 84).

Ein dichtes Moospolster speichert viel Wasser
und sieht zudem schön aus.

Der Wasserbedarf ist aber auch stark von
der Baumart abhängig. Allgemein kann
man sagen, daß Laubbäume mehr Wasser
verdunsten als Nadelbäume. Weich- und
großlaubige Laubbaumarten wiederum
müssen häufiger gegossen werden als
hart- und kleinlaubige Arten.
Alle Bäume reagieren auf Wassermangel
in mehreren Stufen. Wird die Erde trok-
ken, schließen die Bäume zunächst die
Spaltöffnungen in den Blättern, um so
die Wasserverdunstung zu vermindern.
Gleichzeitig lassen Laubbäume die Blätter herabhängen, um sie der direkten Son-
nenbestrahlung zu entziehen. Diese
Schutzmaßnahme ist sehr wirksam, da
etwa 90 Prozent des aufgenommenen
Wassers über die Blätter verdampft werden. Junge, noch nicht ausgehärtete
Triebspitzen hängen ebenfalls schlaff her-
unter.
Wird jetzt nicht gegossen, sterben langsam die feinen Wurzelspitzen ab. Sind
diese abgestorben, kann kein Wasser
mehr aufgenommen werden, und die
Blätter welken und werden abgeworfen.
Gibt man nun Wasser, erholen sich viele
Baumarten wieder, bilden langsam neue
Wurzelspitzen und treiben neue Blätter
aus. Sicher werden aber mehr oder weniger viele Zweige und Äste abgestorben
sein und nicht mehr austreiben.
Bekommt der Bonsai in diesem Trocken-
stadium immer noch kein Wasser, ist er
meist unrettbar verloren, da der Wasserdruck in den Leitungsbahnen unter einen
bestimmten kritischen Wert herabgesun-
ken ist. Ist das Wasserleitungssystem

einer Pflanze einmal durch eine zu lange währende Trockenheit zusammengebrochen, kann es nicht wieder aktiviert werden.
Die gleichen Symptome treten übrigens auch bei anhaltender Staunässe auf. Die Wurzelspitzen sterben ab und können kein Wasser mehr aufnehmen. Die oberirdischen Pflanzenteile trocknen langsam wegen Wassermangels aus.

Das richtige Gießen

Grundsätzlich sollte die Erdoberfläche hinsichtlich des Feuchtigkeitszustands genau beobachtet werden. Beginnt die Oberfläche heller zu werden, bilden sich Risse in der Erde, und löst sich die Erde vom Schalenrand, muß spätestens gegossen werden, auch wenn der Baum noch keine der beschriebenen Trockenerscheinungen zeigt.
Gegossen wird mit einer möglichst feinbrausigen Kanne mit langem Gießhals. Je feiner die Wassertropfen zerstäubt werden, um so geringer ist die Gefahr, daß die Erde beim Gießen abgespült wird.
Grundsätzlich sollte man mehrmals hintereinander und so lange gießen, bis überschüssiges Wasser über die Abflußlöcher auszufließen beginnt. Dies gewährleistet ein ausreichend feuchtes Erdreich.
Solange die Erde feinkörnig ist, nimmt sie das Wasser recht gut auf und speichert es ausreichend. Verwendet man eine Erde mit hohem Torfanteil, ist es schwierig, diese nach Trockenheit wieder ausreichend feucht zu bekommen. Ist solch eine Erde richtig trocken geworden, muß sie in der Schale bis zu 48 Stunden in einem Wasserbad stehen, um wieder feucht zu werden.
Die meiste Sicherheit für eine ausreichende Durchfeuchtung des Bodens bietet die Tauchmethode. Hierzu stellt man den Bonsai bis über den Schalenrand in ein Gefäß mit Wasser, bis keine Luftbla-

sen mehr aufsteigen. Wichtig ist das anschließende Schrägstellen der Schale, zum Beispiel mit Hilfe eines kleinen Klötzchens, damit überschüssiges Wasser über die Bodenlöcher abfließen kann.

Staunässe, eine tödliche Gefahr

Da die Bäume über die Wurzeln auch Sauerstoff aufnehmen, muß überschüssiges Wasser immer gut abfließen können. Die Bodenlöcher müssen hierzu frei sein. Bildet sich auf einer glatten Unterlage unter den Löchern eine Wasserblase, wird der Wasserabfluß behindert, und es kommt zu Staunässe. Gleiches gilt, wenn Wurzeln durch die Abflußlöcher gewachsen sind und diese verstopfen.
Anhaltende Staunässe führt zum Ersticken der feinen Wurzelspitzen, zum Verfaulen des gesamten Wurzelballens und letztlich zum Tod des Bonsai. Da über den geschädigten Wurzelballen kein Wasser mehr aufgenommen werden kann, vertrocknen die oberirdischen Pflanzenteile trotz des feuchten Erdreiches. Beginnen die Blätter also zu welken, sollte der Wurzelballen kontrolliert werden. Stellt man fest, daß die Wurzeln keine weißen Spitzen mehr haben und der Wurzelballen moderig riecht, muß unbedingt umgetopft werden.
Diese Sofortmaßnahme muß auch dann ergriffen werden, wenn eigentlich nicht die richtige Jahreszeit für das Umtopfen ist.
Hierbei ist es wichtig, daß alle geschädigten Wurzelteile entfernt und der Bonsai danach in frische Erde eingetopft wird. Anschließend muß der Bonsai einen schattigen Standort bekommen, bis er sich wieder erholt hat.
Auf keinen Fall darf ein wegen eines Wurzelschadens umgetopfter Bonsai gedüngt werden. Gedüngt wird erst wieder, wenn der Baum gesunden Neuaustrieb zeigt.

Dünger für die Gesundheit des Bonsai

Alle Pflanzen nehmen aus der Luft Kohlendioxid und über die Wurzeln Wasser für die Photosynthese in den Blättern auf. Die daraus hergestellten Stoffe werden mit Hilfe überaus wichtiger anderer Nährelemente in die Körpersubstanz eingebaut. Diese Nährelemente, gemeinhin als Dünger bezeichnet, werden gemeinsam mit dem Wasser von den Wurzeln dem Boden entzogen.

Unsere Bonsai-Erden enthalten in der Regel nur wenige als Dünger verwertbare Stoffe. Wir müssen also für ein ausreichendes Wachstum und zur Gesunderhaltung unserer Bonsai regelmäßig düngen. Neben den drei Hauptnährelementen Stickstoff (N), Phosphor (P) und Kalium (K) muß ein guter Dünger eine Reihe von Spurenelementen enthalten. Kurz nennt man solche Nährlösungen N-P-K-Dünger. Der prozentuale Anteil der drei Hauptnährelemente ist immer in der Reihenfolge N, P, K angegeben.

Bedeutung der Nährelemente

Stickstoff (N) ist für den Aufbau von Zellwänden wichtig und regt daher das Wachstum an. Über die Menge an Stickstoff im Dünger können wir also das Wachstum der Bonsai steuern. Im Frühjahr sollte der Stickstoffanteil für ein ausreichendes Wachstum recht hoch sein. Den Sommer über sollte die Düngerlösung einen geringeren Stickstoffanteil aufweisen. Im Herbst schließlich sollte kein Stickstoff im Dünger enthalten sein. Ein Mangel an Stickstoff zeigt sich zunächst an den älteren Blättern. Sie werden in der Wachstumszeit hellgelb und wirken insgesamt fahl.

Phosphor (P) regt das Wurzelspitzenwachstum an, sorgt für eine gute Ausreifung des Holzes und wirkt mit bei der Bildung von Blüten- und Blattknospen. Nur bei ausreichender Versorgung mit Phosphor sind eine gute Wasseraufnahme, eine gute Blühwilligkeit und ein gesunder Austrieb im Frühjahr gewährleistet. So können Freiland-Bonsai selbst strenge Fröste meist schadlos überstehen (siehe Überwinterung, Seite 82).

Kalium (K) wirkt als Katalysator an vielen wichtigen chemischen Reaktionen in der Pflanze mit. Bei Kaliummangel wird der Bonsai anfälliger gegen Krankheiten und Schädlinge und übersteht den Winter eventuell nur mit erheblichen Schäden. Der Mangel zeigt sich an älteren Blättern, die vom Rand her braun werden und deren Blattränder sich nach unten wellen.

Mangel von Spurenelementen

Magnesiummangel: Bei älteren Blättern entstehen zwischen den Blattadern Aufhellungen. Die Blätter sehen schließlich schmutziggelbbraun aus, haben aber noch grüne Blattadern. Die Blätter wirken steif und spröde.

Manganmangel: Auf älteren Blättern bilden sich gelbbraune Flecken. Dieses Symptom ist leicht mit einer Pilzerkrankung der Blätter zu verwechseln.

Schwefelmangel: Junge Blätter sind völlig gelbgrün mit hellgelben Blattadern.

Eisenmangel: Junge Blätter sind gelbgrün bis gelb mit grünen Blattadern.

Der richtige Dünger

Im Handel werden die verschiedensten Dünger angeboten. Man findet anorganische Dünger, meist in Form flüssiger Lösungen, und organische Dünger, meist in fester Form.

Die anorganischen Dünger bezeichnet man auch als »Pflanzendünger«, da die darin enthaltenen Nährelemente von den Wurzeln direkt mit dem Wasser aufgenommen werden können. Bei den meisten Düngermangelerscheinungen helfen solche Dünger schnell und wirksam. Angewendet werden diese Düngerlösungen in der vom Hersteller angegebenen Konzentration. Leider werden die Anteile an Spurenelementen häufig nicht auf den Packungen aufgeführt. Ich rate daher, verschiedene handelsübliche Lösungen im Wechsel zu verwenden.

Gedüngt wird niemals bei trockenem Erdreich, da die Düngerlösung sonst die feinen Wurzelspitzen verbrennt. Es wird also erst hinreichend gewässert und etwa eine Stunde später der Dünger verabreicht.

Organische Dünger bestehen aus pflanzlichen oder tierischen Stoffen, die von den Mikroorganismen im Boden erst noch aufbereitet werden müssen, ehe die Nährelemente der Pflanze zur Verfügung stehen. Wegen ihrer Depotwirkung und langsamen Verfügbarkeit für die Pflanzen nennt man sie auch »Bodendünger«. Die im Bonsai-Fachhandel angebotenen organischen Dünger haben meist Pulver- oder Kugelform. Sie sind nach traditionellen japanischen Rezepturen zusammengestellt und können bedenkenlos eingesetzt werden.

Die Pulverdünger werden auf den Boden gestreut und nach Verbrauch durch neuen ersetzt. Kugeldünger legt man auf den Boden, nach ihrem Verbrauch werden an anderer Stelle neue aufgelegt. Die Anzahl der Düngerkugeln hängt von der Größe der Schalenoberfläche ab (kleine Schalen bis 150 Quadratzentimeter Fläche — zwei Kugeln; mittlere Schalen bis 300 Quadratzentimeter Fläche — vier Kugeln; große Schalen bis 1200 Quadratzentimeter Fläche — acht Kugeln).

Bei allen organischen Düngern entsteht bald eine Schimmelschicht, die andeutet, daß der Dünger von den Mikroorganismen aufbereitet wird. Auch legen Fliegen gern ihre Eier in die Düngerschicht. Die ausschlüpfenden Maden schaden nicht, sind aber sicher nicht jedermanns Sache. Zum Schluß bleiben von dem Dünger unverwertbare, schwarze, harte Reste übrig, die Sie absammeln können, bevor Sie neuen Dünger auftragen.

Hat sich auf der Erdoberfläche ein Moospolster gebildet, stirbt es unter dem aufgelegten organischen Dünger ab. Meist dauert es einige Zeit, bis sich hier wieder neues Moos angesiedelt hat. Will man ein schönes Moospolster erhalten, sollte man auf anorganische Flüssigdünger ausweichen.

Wann wird gedüngt?

Freiland-Bonsai haben einen deutlichen Jahreszeitenwechsel. Entsprechend wird nur in der Wachstumszeit vom Frühjahr bis zum Herbst gedüngt. Sobald sich die Knospen öffnen, können Sie mit dem Düngen beginnen. Bei Flüssigdünger geben Sie alle zwei Wochen die Lösung ins Gießwasser (nicht auf trockenen Boden gießen!). Im Frühjahr und im Sommer kann der Dünger einen höheren Stickstoffanteil haben. Im Herbst erfolgt die Abschlußdüngung mit einem Phosphor-Kalium-Dünger.

Organische Dünger werden wegen ihres Depotcharakters nur vom Frühjahr bis zum Spätsommer angewendet.

Im Winter werden Freiland-Bonsai auf keinen Fall gedüngt, da die Pflanzen mit den Nährelementen in dieser Zeit nichts anfangen können. Eine Winterdüngung verursacht unweigerlich schwere Schäden an den Freiland-Bonsai. Die erhöhte Salzkonzentration im Boden entzieht den Wurzeln das Wasser, und der Bonsai trocknet aus.

Für Kalthauspflanzen gilt im Prinzip das gleiche wie für die Freiland-Bonsai. Lediglich bei wärmerer Überwinterung, bei der die Laubbäume weiterhin ihr Laub behalten, wird im Winter alle vier Wochen gedüngt.

Zimmer-Bonsai werden in der Wachstumszeit genauso gedüngt wie Freiland-Bonsai. Im Winter erhalten sie wegen des reduzierten Wachstums alle vier Wochen eine Düngergabe.

Die wichtigsten Schädlinge und häufigsten Krankheiten

Die weitaus häufigsten Krankheiten an Bonsai lassen sich auf unsachgemäße Pflege und einen falschen Standort zurückführen. Wird beispielsweise bei einigen Baumarten ein zu sonniger Standort gewählt, kommt es zu Verbrennungen an den Blättern. Ist ein erheblicher Anteil der Blätter verbrannt, wird der Baum durch den Mangel an Photosyntheseprodukten unter Umständen schwer geschädigt und damit anfällig für Schädlinge.

Ein anderes, weitaus gefährlicheres Problem stellt die Staunässe dar. Immer wenn überschüssiges Gießwasser nicht ungehindert abfließen kann, kommt es zu einer starken Schädigung des Wurzelballens. Je nachdem, wie groß der Anteil an abgestorbenen Wurzeln ist, kann Staunässe zum Absterben des gesamten Bonsai führen.

Düngermangel schädigt den Bonsai zwar, bringt ihn aber nicht um. In den meisten Fällen sind Düngermangelkrankheiten leicht durch Zugabe des entsprechenden Düngers zu beheben.

Schädlinge an Bonsai

Als Schädlinge an unseren Bonsai treten alle Lebewesen auf, die auch sonst an Pflanzen Schäden anrichten können. Entsprechend ergreift man auch dieselben Gegenmaßnahmen wie bei »normalen« Pflanzen.

Blattläuse sind kleine grüne oder schwarze, meist flügellose Insekten, die hauptsächlich an jungen Pflanzenteilen Saft saugen. Häufig entdeckt man Blattläuse anhand ihrer zuckerhaltigen Ausscheidungen, die die Blätter mit einem klebrigen Überzug bedecken und auf denen sich schwarze Mikropilze ansiedeln. Bei starkem Befall krümmen sich die jungen Pflanzenteile und werden braun.

Wolläuse schützen sich unter einer Kappe aus einem watteartigen Gespinst, während sich Schildläuse unter einem festen Schild verbergen. Die Schäden an den Bonsai sind ähnlich wie die von den Blattläusen.

Angefressene oder sogar skelettierte Blätter sind von Raupen befallen. Ein untrügliches Zeichen sind kleine schwarze Kothäufchen auf darunterliegenden Blättern.

Sägemehl in der Nähe des Stammfußes und kleine Löcher in der Rinde deuten auf den Borkenkäfer hin.

Die Weiße Fliege findet man unter den Blättern. Die kleinen Tiere fliegen bei Berührung des Baumes auf und sehen wie weißer Puder aus. Sowohl die erwachsenen Tiere als auch deren Larven ernähren sich durch Aussaugen der in den Blättern befindlichen Leitungsbahnen. Die Blätter werden frühzeitig gelb und fallen ab.

Spinnmilben (auch Rote Spinne genannt) befallen die Blätter unserer Bonsai. Man findet zunächst weiße bis gelbliche Flekken, später verfärbt sich das ganze Blatt graubraun. Leicht kann man die Rote Spinne mit einem weißen Blatt Papier dia-

Regelmäßig sollten die Bonsai auf Schädlinge überprüft werden.

gnostizieren. Die kleinen Tierchen, auf das Blatt Papier geschüttelt, sehen wie Paprikapulver aus.

Pilzerkrankungen

Der Mehltau befällt gern Eichen- und Buchenblätter. Er bildet einen weißlichen Überzug auf der Ober- oder Unterseite der Blätter.

Rostpilze befallen sowohl Blätter als auch Zweige und bilden mehr oder weniger lange Pusteln, aus denen rostbraune bis schwarze Sporen hervortreten.

Ahornblätter werden häufig von der Teerfleckenkrankheit befallen. Man sieht ein bis zwei Zentimeter große, schwarze Flekken, häufig mit weißen Rändern, auf den Blättern.

Im Frühjahr werden bis Ende Mai manchmal die jungen Blätter von Kiefern braun und fallen ab. Das deutet auf den Befall von Kiefernschütte hin. Bei genauem Hinsehen erkennt man, daß die Blätter am Blattstiel häufig noch grün sind.

Beseitigung von Schädlingen

Bei der Beseitigung von Schädlingen sollte man immer das richtige Augenmaß haben. Niemals ist es richtig, auf den bloßen Verdacht hin die Giftspritze einzusetzen. Dem Laien steht eine ganze Reihe von sogenannten Hausmitteln zur Verfügung, die in ihrer Anwendung nicht gefährlich und bei richtigem Gebrauch auch durchaus wirksam sind.

Der Einsatz von Giften muß immer dem Fachmann überlassen werden. Schon oft hat die sorglose Anwendung von Pflanzengiften zu nicht unerheblichen Gesundheitsschäden bei Menschen und Haustieren geführt.

Sollten sich die Hausmittel als nicht ausreichend wirksam erweisen, suchen Sie das nächste Gartenfachgeschäft oder den nächsten Bonsai-Fachhändler auf und lassen Sie den Bonsai von diesen Fachleuten behandeln.

Im Gartenhandel werden mittlerweile eine Reihe gebrauchsfertiger Hausmittel angeboten. Der Ansatz der Lösungen und deren Einsatz sollte streng nach der Gebrauchsanweisung durchgeführt werden. Sie können die Lösungen aber auch selbst ansetzen.

Maßnahmen gegen Insekten:

Größere Tiere, wie zum Beispiel Raupen oder Schnecken, werden einfach abgesammelt.

Beißende Brennesselbrühe: 1000 Gramm frische Brennesseln in zehn Liter kaltem Wasser 24 Stunden ziehen lassen. Abgeseiht wird die Brühe gegen Blattläuse eingesetzt.

Farnkrautbrühe: 1000 Gramm frisches Wurm- oder Adlerfarnkraut in zehn Liter kaltem Wasser für 24 Stunden ansetzen.

Abgeseiht wirkt die Brühe gegen Schild-, Schmier- und Blutläuse.

Wermutbrühe: 30 Gramm trockenes Wermutkraut wird mit zehn Liter Wasser für 24 Stunden angesetzt. Abgeseiht wirkt diese Brühe gegen Läuse, Raupen und Ameisen.

Pyrethrumpräparate sind aus bestimmten Chrysanthemen gewonnen und wirken gegen alle schädlichen Insekten.

Bei der Anwendung aller Präparate sollte man als Vorsichtsmaßnahme Gummihandschuhe tragen.

Nützlinge:

Marienkäfer, Ohrwürmer und Florfliegen sind sowohl als Jungtiere als auch als erwachsene Tiere ausgesprochene Nützlinge. Sie beseitigen mit großem Appetit erhebliche Mengen an Blattläusen, aber auch Blattflöhe und Wolläuse werden von ihnen gefressen.

Zusätzlich wird in größeren Gartencentern und in anderen Gartenfachgeschäften eine ganze Reihe von Nützlingen gegen die verschiedensten tierischen Schädlinge angeboten.

Maßnahmen gegen Pilzerkrankungen:

In jedem Gartencenter findet man gegen Pilzerkrankungen Präparate auf Kupfer- und Schwefelbasis. Diese Präparate sind nach der Gebrauchsvorschrift anzuwenden.

Formerhaltung und Form- verbesserung

Ein Bonsai ist zwar die Miniaturisierung eines großen Baumes, aber weder erreicht er die Form von sich aus, noch bleibt sie ohne unsere Hilfe erhalten. Ein guter Bonsai ist das Ergebnis einer Zusammenarbeit zwischen dem Baum und dem Mensch, der ihn gestaltet hat.

Ein Bonsai ist ein Kunstwerk, welches niemals fertig ist. Die erste Gestaltung stellt nur den Anfang von Arbeiten dar, die während des ganzen Lebens des Baumes durchgeführt werden müssen. Selbst ein

Werkzeuge für den Anfang: links Drahtzange, Pinzette, Bonsai-Schere; Mitte Eßstäbchen, Netze für Abflußlöcher, Wurzelkralle; rechts Bonsai-Draht, Erdschaufel, Bonsai-Besen.

ausgewogener, in allen Belangen einmaliger Bonsai muß immer wieder aufs neue in Form gebracht werden. Würde man einen Baum, der viele Jahre als Bonsai gepflegt wurde, in den Garten pflanzen und sich frei entwickeln lassen, würde er bald seine Bonsai-Form verlieren und zum mächtigen Baum heranwachsen.

Je früher die Gestaltungsarbeit an dem Baum beginnt, um so weniger sichtbar sind die Eingriffe des Menschen. Sicher stellt aber ein sehr früher Beginn der Gestaltungseingriffe die Geduld des Gestalters am stärksten auf die Probe. Die Entwicklung eines Sämlings oder eines Stecklings zum fertigen Bonsai von Anfang an zu lenken, dauert viele Jahre. Das Ergebnis ist aber sicherlich ein in allen Merkmalen ausgewogener Bonsai mit nur wenigen, unbedeutenden Narben.

Beginnt man mit den gestalterischen Eingriffen in die Form des Baumes erst nach einigen Jahren, so sind die Maßnahmen sicher drastischer und zunächst auch deutlich sichtbar. So führt die Umgestaltung einer mehrjährigen Baumschulpflanze

recht schnell zu einem ansehnlichen Ergebnis, und man erspart sich viele Jahre vorausschauender Gestaltungsarbeit. Es wird aber sicher nicht zu vermeiden sein, auch dickere Äste zu entfernen, deren Wunden mit der Zeit zwar von außen nach innen überwallt werden, die Narben bleiben trotzdem immer sichtbar.

Das richtige Werkzeug

Wie bei jeder Kunst benötigt man bei der Bonsai-Gestaltung einige spezielle Werkzeuge und Spezialzubehör. Die vorgestellten Werkzeuge werden zu Anfang sicherlich nicht alle benötigt, sind aber, gerade wenn man selbst Bonsai gestalten will, sehr hilfreich.
Die Werkzeuge werden zum größten Teil aus Japan importiert und haben sich dort seit langem bewährt.
Für den Anfang benötigt man:
1. eine oder mehrere normale Bonsai-Scheren, mit denen man mit einem glatten Schnitt Triebe, Äste und Wurzeln beschneiden kann.
2. Mit der Konkavzange trennt man dickere Äste und Wurzeln ab. Der Schnitt ist nach innen gewölbt und gewährleistet eine bessere Wundverheilung.
3. Größere Wunden (ab Bleistiftstärke) sollten immer mit einem Wundverschlußmittel abgedeckt werden. In einem guten Gartencenter oder im Bonsai-Fachhandel werden verschiedene geeignete Produkte angeboten.
4. Bonsai-Draht in verschiedenen Stärken zur Formkorrektur und zur Fixierung der Abdecknetze in den Bonsai-Schalen und der Bonsai in den Schalen.
5. Abdecknetze für die Wasserabzuglöcher in den Bonsai-Schalen.
6. Mit Hilfe der Wurzelkralle und einiger Eßstäbchen wird der Wurzelballen beim Umtopfen gelockert, und anschließend

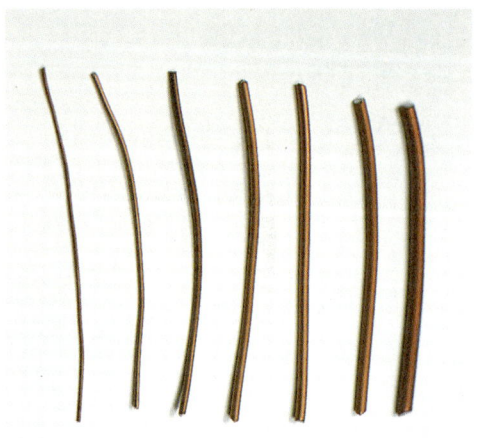

Verkupferter Aluminiumdraht in verschiedenen Stärken (von links nach rechts: 0,5 mm, 1 mm, 2 mm, 3 mm, 4 mm, 5 mm, 6 mm).

wird mit den Eßstäbchen die Erde zwischen die Wurzeln gestochert.
7. Die Drahtzange findet Verwendung beim Einkürzen von Bonsai-Draht, beim Eindrahten und beim Entfernen des Drahtes von dem Baum.

Stamm- und Astentwicklung

Die Form eines Baumes wird durch seinen Stamm und die Anordnung seiner Äste bestimmt. Schon von weitem kann man echte Baumindividuen in der freien Landschaft an ihrer typischen Form erkennen. Jeder gute Bonsai sollte ebenfalls ein einmaliges Baumindividuum darstellen und eine unverwechselbare Form erhalten.
Dennoch gibt es einige Merkmale, die alle Bonsai gemeinsam haben. Da wäre zunächst einmal der Stamm. Sein Verlauf vom Wurzelhals bis zur Spitze legt die

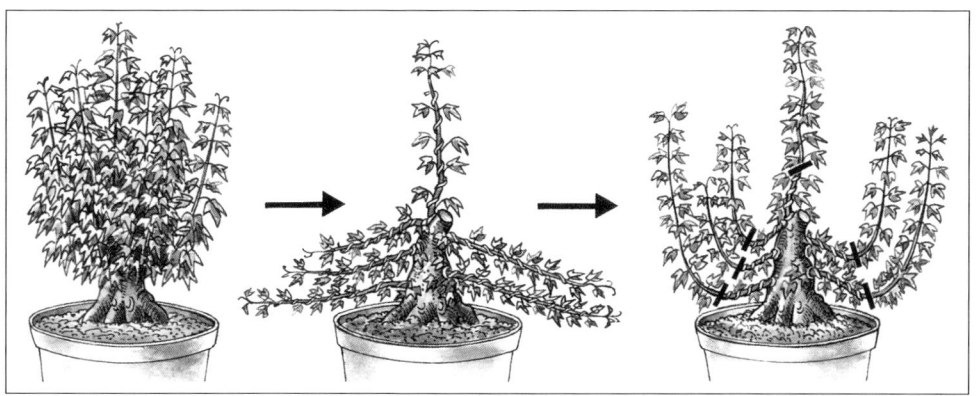

Links: Zur Astverdickung läßt man die neuen Triebe lang durchwachsen.

Mitte: Die Triebe, die zum Kronenaufbau benötigt werden, drahtet man ein und bringt sie in Form. Die nicht benötigten Triebe werden ganz entfernt.

Rechts: Die Triebspitzen läßt man, bis die Äste die richtige Dicke haben, senkrecht nach oben wachsen. Spätestens im Herbst werden die Äste stark zurückgeschnitten.

grundsätzliche Form des Bonsai fest und bestimmt somit auch die Anordnung der Äste. So müssen die Äste an einem gewundenen Stamm ganz anders angeordnet sein als bei einem ganz geraden Stammverlauf.

Bei einem Stamm mit Biegungen und Windungen befinden sich die Äste vorzugsweise an der Außenseite der Stammwindungen. So können die Äste die Blätter für die Photosynthese optimal ins Licht bringen. Ein Baum mit einem geraden Stamm hingegen kann seine Äste überallhin sprießen lassen, wobei übereinanderliegende Äste sich nicht gegenseitig beschatten sollten.

Ein Ast, dessen Laub kein Licht bekommt,

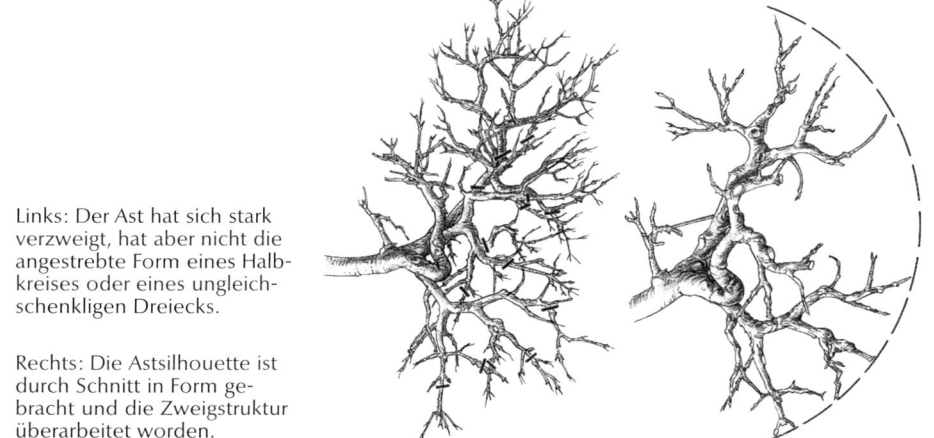

Links: Der Ast hat sich stark verzweigt, hat aber nicht die angestrebte Form eines Halbkreises oder eines ungleichschenkligen Dreiecks.

Rechts: Die Astsilhouette ist durch Schnitt in Form gebracht und die Zweigstruktur überarbeitet worden.

wird absterben. Für den Baum wäre es reine Verschwendung, im Schatten Blätter wachsen zu lassen. Im Schatten könnten diese Blätter keine Photosynthese durchführen.

Da der Stamm ein so wichtiges Merkmal eines Baumes darstellt, sollte ein Betrachter den Verlauf des Stammes auf der Vorderseite des Bonsai gut betrachten können. Das gilt vor allem für den unteren Bereich des Stammes. Hier entspringen die dicksten und längsten Äste und weisen zu den Seiten und nach hinten. Die nach hinten weisenden Äste geben dem Baum optische Tiefe und lassen ihn mächtiger erscheinen.

In der Mitte des Stammverlaufes können einzelne Äste auch leicht zur Vorderseite hin wachsen, niemals aber direkt auf den Betrachter zeigen. Erst im oberen Drittel des Baumes, der Krone, dürfen Äste auch direkt nach vorn weisen. Insgesamt nimmt die Dicke und Länge der Äste von unten nach oben hin ab.

Ebenso nimmt die Dicke des Stammes von unten nach oben gleichmäßig ab. Da bei einem Baum der untere Stammbereich auch immer der älteste Teil ist, hat er hier die meisten Jahresringe und muß somit der dickste Teil sein.

Das Dickenwachstum eines Baumes hängt sehr stark von der Menge der Blätter ab. Nur sie können bei der Photosynthese neue Baustoffe bilden, die für den Bau neuer Zellen verwendet werden können. Soll der Stamm an Dicke zulegen, läßt man die Äste stärker auswachsen, bevor sie dann wieder auf die gewünschte Länge zurückgeschnitten werden. Gleiches gilt natürlich, wenn ein einzelner Ast dicker werden soll. Auch hier läßt man die sprießenden Zweige länger auswachsen und schneidet sie erst später wieder zurück (siehe Abbildung, Seite 95).

Sind die Blattzwischenräume (Internodien) nun sehr lang, muß der notwendige Rückschnitt recht stark sein.

Freilandwachstum bringt den stärksten Zuwachs

Den stärksten Zuwachs erreicht man, wenn der Baum für einige Jahre ins Freiland gepflanzt wird. Hier findet er in der umgebenden Erde ein viel größeres Angebot an Wasser und Nährsalzen als in den beengten Verhältnissen einer Bonsai-Schale.

Damit die Wurzeln weiterhin einen kompakten Ballen bilden, muß der Baum regelmäßig mit einem scharfen Spaten umstochen werden. Weit auswachsende Wurzeln werden so gekappt und der Baum gezwungen, in Stammhöhe mehr feine Wurzeln zu bilden. Umstochen wird in einem Kreis, der der Ausdehnung der weitesten Äste entsprechen sollte. Die beste Zeit für das Umstechen ist etwa Ende August. Bis zum Beginn des Herbstes hat der Baum so die Chance, die Wunden an den Wurzeln zu verheilen und mit dem Wachstum neuer, feiner Wurzeln zu beginnen.

Die Formung der Äste wird natürlich auch im Freiland weiterhin durchgeführt. Alle erforderlichen Arbeiten wie Beschneiden, Ausdünnen oder Drahten werden genauso durchgeführt, als befände sich der Baum in einer Bonsai-Schale. Lediglich auf einen Blattschnitt sollte man verzichten, da die Blattmasse das Dickenwachstum bestimmt.

Hat der Baum nach einigen Jahren die gewünschte Dicke erreicht, wird er im Frühjahr beim Anschwellen der Knospen vorsichtig ausgegraben, eventuell ein Wurzelschnitt durchgeführt und in die ausgewählte Bonsai-Schale gepflanzt.

Der Wurzelhals

Neben dem Stamm ist der Übergang des Wurzelbereiches zu den oberirdischen Baumteilen, der Wurzelhals, eines der

Viele Jahre geduldigen Arbeitens läßt einen so imposanten Wurzelansatz entstehen. Der Dreispitzahorn eignet sich besonders gut für ausladende Wurzelteller.
(Bonsai Sekai, Japan)

wichtigsten Merkmale eines guten Bonsai. Sichtbare, dickere Wurzeln sollten gleichmäßig von allen Seiten auf den Stamm zustreben. Ein gut ausgebildeter Wurzelhals vermittelt den Eindruck, der Baum sei fest in der Erde verwurzelt, wie man das auch bei einem alten, sturmerprobten Baumveteran in der freien Natur sehen kann.

Ohne einen guten Wurzelhals kann ein Bonsai auf keinen Fall überzeugend seinen großen Vetter in Miniatur darstellen. Und das selbst dann nicht, wenn die sonstigen Baumteile gut gestaltet sind. Ein Bonsai ohne einen überzeugenden Wurzelhals erinnert eher an einen in die Erde gesteckten beblätterten Pfahl, nicht aber an einen Baum.

Die Wurzeln, die den Wurzelhals bilden, sollten sich eine Strecke lang knapp oberhalb der Erdoberfläche erstrecken, bevor sie sich dann sanft ins Erdreich wenden.

Herausarbeiten eines Wurzelhalses

Schon beim ersten Eintopfen eines jungen Baumes in eine Bonsai-Schale sollte ein besonderes Augenmerk darauf gelegt werden, daß sich Wurzeln in gleicher Höhe nach allen Seiten hin ausbreiten. Sind noch keine dickeren Wurzeln rund um den Stamm vorhanden, so ist das nur

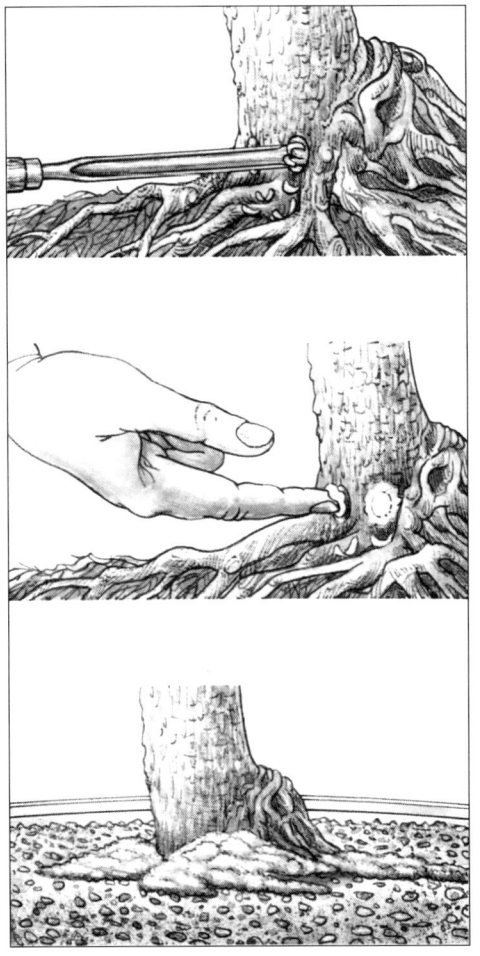

eine Frage der richtigen Pflege und der Zeit, bis sich auch dünnere Wurzeln verdickt haben und einen Wurzelhals bilden. Dazu werden bis auf die Wurzeln, die man verdicken möchte, die anderen Wurzeln in der beabsichtigten Wurzelhalsebene direkt am Stamm entfernt. Hierdurch werden die verbliebenen Wurzeln in ihrem Wachstum gefördert. Sie verzweigen sich und werden um so dicker, je mehr Wurzelmasse sich an einem Wurzelansatz bildet. Nach einigen Jahren kann man dann von Wurzelschnitt zu Wurzelschnitt den Wurzelhals immer mehr freilegen und dadurch dem Betrachter präsentieren. Die freigelegten Wurzelteile bilden bald eine dickere Borke aus, um sich gegen Austrocknung zu schützen.

Zur weiteren Förderung der Wurzeln, die den Wurzelhals bilden, schneidet man bei jedem Wurzelschnitt keilförmige Stücke zwischen diesen Wurzeln aus dem Wurzelballen heraus. Dadurch wird für diese Wurzeln wieder Raum für weitere Verzweigungen geschaffen und ihr Dickenwachstum gefördert.

Heranziehen neuer Wurzeln direkt am Stamm — das Abmoosen

Sind auf einer Seite des Stammes keine Wurzeln vorhanden, so kann man hier das Wurzelwachstum anregen. Die beste Zeit für das Abmoosen ist im späten Frühjahr oder im Frühsommer.

Dazu entfernt man an der geplanten Stelle schmale Rindenstreifen bis ins Holz und trägt etwas Bewurzelungshormon auf die Wunde auf. Danach legt man feuchtes Moos auf, deckt das Ganze zum Schluß mit Erde ab und hält die Stelle immer feucht. Nach einiger Zeit setzt die Wundverheilung ein, und aus dem Wundgewebe sprießen in dem feuchten Milieu neue Wurzeln. Die zunächst noch feinen Wurzeln werden im Laufe der Zeit immer verzweigter und dicker.

Auf einer Baumseite fehlen Wurzeln für den Wurzelhals.

Oben: Mit einem Stechbeitel werden Löcher bis ins Holz gestochen.

Mitte: Bewurzelungshormon wird in die Löcher gestrichen.

Unten: Mit feuchtem Moos und Erde wird die Bewurzelungsstelle abgedeckt. Die Erde muß an dieser Stelle immer feucht gehalten werden. Nach einem halben bis ganzen Jahr sind zunächst feine Wurzeln aus den Wundverheilungen herausgewachsen.

Durch Abmoosen zieht man aus Ästen größerer
Bäume Ausgangspflanzen für Bonsai heran.

Manchmal ist der Stammbereich direkt über dem Wurzelbereich nicht so gut ausgebildet, um sich als Wurzelhalsbereich zu eignen. Weiter oben am Stamm bietet sich ein Bereich aber förmlich an, nur sind hier keine Wurzeln. Das Problem ist recht einfach zu lösen — man bringt den Baum dazu, an der beabsichtigten Stelle Wurzeln zu bilden (siehe Abbildung, Seite 99).

Dazu entfernt man um den Stamm herum an der beabsichtigten Stelle einen Rindenstreifen bis ins Holz hinein. Dünn wird Bewurzelungshormon auf die Wunde aufgetragen und feuchtes Moos herumgebunden. Nun kann man den ganzen Baum bis oberhalb des entfernten Rindenstreifens in die Erde in einem tieferen Blumentopf einsenken. Der Baum wird schattig aufgestellt und die Erde in der Folgezeit immer feucht gehalten. Aus dem sich bildenden Wundgewebe wachsen nach einiger Zeit Wurzeln. Bis genügend neue Wurzeln den Baum ausreichend mit Wasser und Nährsalzen versorgen können, übernimmt diese Aufgabe weiterhin der alte Wurzelballen. Das ist nur möglich, weil das Wasser von den Wurzeln zu den Blättern durch Leitungsbahnen im noch intakten Holzteil des Baumes fließen kann. Die Leitungsbahnen für das Wasser und die Nährsalze befinden sich in den äußeren Holzjahresringen. Im inneren Rindenteil, der jetzt in einem Bereich durchgetrennt wurde, fließen die Photosyntheseprodukte von den Blättern nach unten. An der Wundstelle wird der herabfließende Strom gestaut, und die Baustoffe werden zur Bildung neuer Wurzeln verwendet.

Steht ein nicht so tiefer Blumentopf zur Verfügung, kann man den zu bewurzelnden, mit feuchtem Moos umgebenen Bereich auch mit einer dunklen Plastikfolie umkleiden. Der untere Teil der Plastikmanschette wird gut verschlossen. Die obere Krempe läßt man leicht offen, damit von Zeit zu Zeit Wasser hineingegeben werden kann, um das Moos feucht zu halten.

Bei beiden Methoden dauert der Bewurzelungsvorgang je nach Baumart unterschiedlich lange. Im allgemeinen muß man bei Laubbäumen zwischen einem halben und einem ganzen Jahr rechnen. Nadelbäume brauchen bis zu zwei Jahre, um auf den neuen Wurzeln leben zu können.

Während der Bewurzelung sollte auf keinen Fall gedüngt werden, da die noch zarten neuen Wurzeln verbrennen würden. Sobald das Moospolster mit Wurzeln ausgefüllt ist, sind genügend neue Wurzeln vorhanden, die den Baum versorgen können. Unterhalb des neuen Wurzelbereiches wird der Stamm durchtrennt und der alte Wurzelballen damit entfernt. Gemeinsam mit der Moosmanschette wird der neue Wurzelballen tief genug in Erde eingetopft. In der Erde wird das Moos langsam verrotten und den Baum zusätzlich mit Nährstoffen versorgen. Erst wenn der neue Blumentopf mit Wurzeln ausgefüllt ist und umgetopft werden muß, führt man den ersten Wurzelschnitt durch und beginnt mit der Ausbildung eines Wurzelhalses.

Formkorrekturen durch Drahten

Nicht selten muß der Verlauf des Stammes, von Ästen oder Zweigen verändert werden, um eine harmonischere oder ausdrucksstärkere Baumgestalt zu erzielen. Neben dem Schnitt ist die Formkorrektur mit Hilfe von Draht die wichtigste Eingriffsmöglichkeit in die Form des Bonsai (siehe Abbildung, Seite 101 ff.).

Der Draht an einem Bonsai ist kein Gestaltungsmerkmal, sondern ein Gestaltungsmittel. Der Draht wird immer nur angelegt, um eine Formkorrektur vorzuneh-

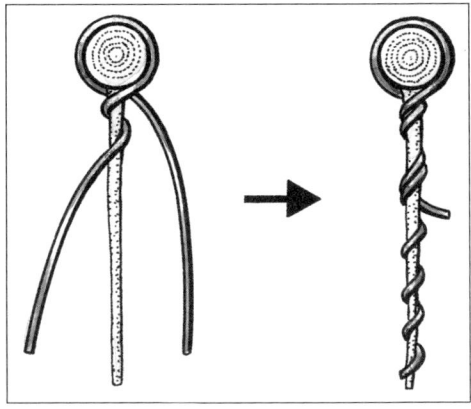

Steht kein gleichstarker Ast für eine gemeinsame Drahtung zur Verfügung, windet man den Draht um den Stamm und führt erst das eine Ende des Drahtes von oben, dann das andere Ende von unten um den Ast.
In Parallelwindungen gehen nun beide Drahtenden um den Ast.

men. Sobald die gewünschte Korrektur eingetreten ist, wird er wieder entfernt. Natürlich ist es unsinnig, einen Baumteil einzudrahten, dessen Form keiner Korrektur bedarf.

Ist Draht ausreichender Stärke angelegt worden, kann der betreffende Baumteil in einen anderen Verlauf gebogen werden. Dabei sollte man nach Möglichkeit den Baumteil auf der Suche nach der richtigen Form nicht mehrfach hin und her biegen. Mit ziemlicher Sicherheit werden hierbei wichtige Leitungsbahnen zerquetscht, und der Baumteil könnte absterben.

Sobald sich das Holz eines neuen Jahresringes bildet, stabilisieren die neugebildeten Zellen die durch den Draht vorgegebene Form. Je nach Baumart dauert dieser Stabilisierungsprozeß zwischen einem halben und einem ganzen Jahr.

Astentwicklung über mehrere Jahre durch Schnitt und Drahtung.

Von links nach rechts: Der zunächst gerade Ast wird mit Hilfe von Draht gebogen.

Im nächsten Jahr werden alle Triebe auf der Innenseite der Biegungen entfernt.
Einige Jahre danach hat sich der Ast fein verzweigt. Die harmonischen Biegungen des Astes spiegeln sich in den Biegungen der Zweige wider.

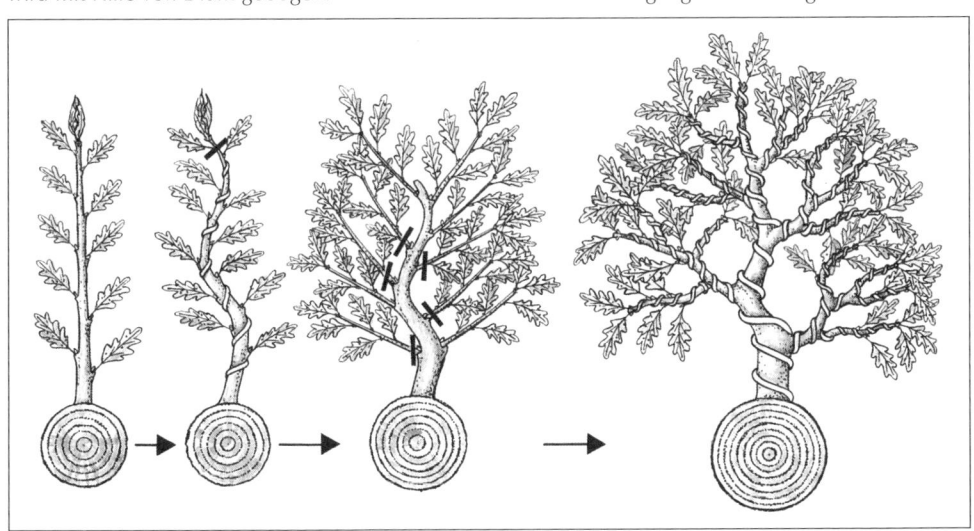

Ein neuer Jahresring bedeutet aber immer auch Dickenwachstum, das heißt, der Bonsai strebt von innen auf den Draht zu. Hat das Dickenwachstum den Draht erreicht, wird der Holzzuwachs an den Rändern des Drahtes verstärkt, und der Bonsai versucht, den Draht wie eine Wunde zu überwallen. Setzt diese Reaktion ein, und will man unschöne Narben vermeiden, muß der Draht entfernt werden. Dazu kneift man mit der Drahtzange den Draht Windung für Windung durch und sammelt die Drahtstücke ab.

Warum sollte gedrahtet werden?

Läßt man einen Baum frei wachsen, so wird er in seiner Jugend normalerweise einen geraden Stamm ausbilden, um möglichst schnell Höhe zu erreichen. Gleichzeitig streben die Äste der meisten Bäume in der Jugend mehr oder weniger steil nach oben.

Beim Bonsai wollen wir aber einen alten Baum verkleinert nachbilden. In der freien Natur sind die Äste durch ihr Eigengewicht oder durch Schneelasten im Winter häufig herabgebogen, wodurch der Baum die für seine Art typische Gestalt erhält. Da weder das Eigengewicht der Äste an einem jungen Baum ausreicht noch Schneelasten groß genug werden, müssen die Äste auf andere Weise herabgebogen werden. Eine bewährte Möglichkeit hat man hier mit dem Drahten in Händen.

Ebenso haben in der Natur alte Bäume im freien Stand selten einen geraden

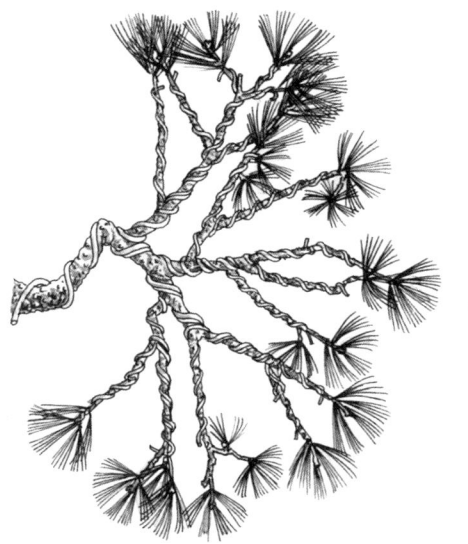

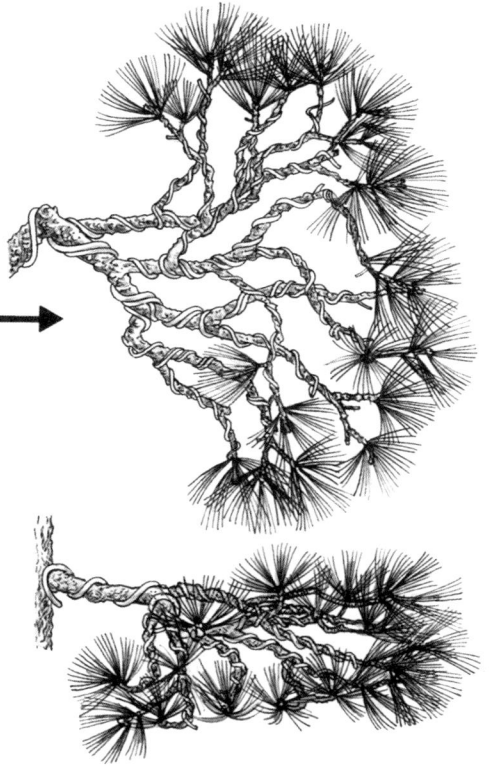

Oben links: Zunächst werden Ast und Zweige vollständig eingedrahtet.
Oben rechts: Die Zweige werden so gebogen, daß ihre Nadelbüschel, von oben betrachtet, einen Halbkreis bilden.
Unten: Von der Seite gesehen, stehen die Nadelbüschel aufrecht und bilden ein leicht ansteigendes Laubpolster.

Stamm. Durch die verschiedenen Witterungseinflüsse ist er häufig mehr oder weniger stark gebogen. Auch dieses Merkmal eines sturmerprobten Baumveteranen kann man bei einem jungen Baum mit Hilfe von Draht nachempfinden.

In welcher Jahreszeit wird gedrahtet?

Im Prinzip kann man einen Baum in jeder Jahreszeit drahten. Dennoch ist zu bestimmten Zeiten das Drahten empfehlenswerter als zu anderen Zeiten.

Im Winter führen die Leitungsbahnen wenig Saft, entsprechend gering ist die Flexibilität der Triebe. Nur mit äußerster Vorsicht kann man die Triebe von Nadelbäumen biegen. Bei den meisten laubabwerfenden Bäumen kann man zwar die Astkonstruktion besser sehen, es besteht jedoch größte Bruchgefahr, will man die Triebe biegen.

Der Vorfrühling ist sicherlich die beste Zeit für das Eindrahten von Bonsai. Langsam beginnen die Säfte zu steigen, dies zeigt sich auch am Anschwellen der Knospen. Die Biegsamkeit ist deutlich besser geworden, ohne daß gleichzeitig die Rinde weggedrückt werden kann.

Frühling und Sommer sind die wuchsfreudigsten Jahreszeiten. Das Kambium bildet durch Zellteilung nach innen einen neuen Holzjahresring und nach außen einen neuen Rindenjahresring. In dieser Zeit sollte der Draht besonders vorsichtig angelegt werden. Drückt man den Draht zu stark an, besteht die Gefahr, daß die Rinde weggedrückt wird.

Andererseits können Laubbäume, an denen ein Blattschnitt vorgenommen wurde, in dieser Zeit bestens gedrahtet werden. Aus Sicherheitsgründen sollte der Draht zur Formkorrektur von Laubbäumen mit Kreppapierklebestreifen umwickelt werden.

Im Herbst sollten Freiland-Bonsai nach Möglichkeit nicht gedrahtet werden. Da die Bäume jetzt ihr Wachstum einstellen, beginnt die Eigenstabilisierung der Formkorrektur erst in der darauffolgenden Wachstumsperiode. Andererseits ist das Metall ein guter Wärmeleiter, der bei tiefen Temperaturen die Kälte stärker in den Baum leitet. Die Gefahr von Frostschäden ist deutlich verstärkt. Aus den gleichen Gründen sollten Bäume nach Möglichkeit spätestens im Herbst entdrahtet werden.

Nach Entdrahtung beobachten

Nach dem Entdrahten beobachtet man den Bonsai in der Folgezeit sehr genau. Manchmal hat die Zeit, in der der Baum eingedrahtet war, nicht ausgereicht, um die beabsichtigte Korrektur zu stabilisieren. Förmlich im Zeitlupentempo bewegen sich dann die Baumteile wieder in ihre ursprüngliche Form zurück. In solch einem Fall muß der betreffende Baumteil natürlich erneut eingedrahtet werden.

Die Drahtführung kann dann vielfach der ersten Drahtung folgen. Man wählt lediglich eine modifizierte Drahtungsrichtung, falls sich bereits Drahtnarben gebildet haben.

Die Wahl der richtigen Drahtstärke

Die Stärke des Drahtes sollte so gewählt werden, daß die Korrektur in der beabsichtigten Form von dem Draht gehalten werden kann. Entsprechend wird im Fachhandel Draht unterschiedlicher Dicke angeboten und zwar in Stärken zwischen 0,5 und 6 Millimeter (siehe Abbildung, Seite 94).

Will man herausbekommen, welche Drahtstärke die richtige ist, braucht man ein wenig Fingerspitzengefühl. Zunächst legt man Zeige- und Mittelfinger etwas gespreizt an den Ast, den man drahten will. Mit dem Daumen drückt man von der gegenüberliegenden Seite den Ast gegen die Lücke zwischen Zeige- und Mittelfinger und merkt sich die Stärke des Drucks, den man für das Biegen des Astes ausüben mußte. In gleicher Weise verfährt man mit Drahtstücken unterschiedlicher Stärke. Ist der notwendige Druck für die Biegung des Drahtes ein wenig größer als für die des Astes, hat man die richtige Drahtstärke gefunden.

Meist reicht erfahrungsgemäß ein Draht aus, der eine Dicke hat, die etwa einem Drittel der Dicke des Astes entspricht.

Findet man keinen Draht der richtigen Stärke, kann man auch zwei oder mehr Drähte geringerer Stärke verwenden. Die Druckkraft der dünneren Drähte addiert sich, wenn man sie einander parallel an dem Ast anlegt. Wichtig ist hier, daß die Drähte auch wirklich eng aneinanderliegend um den Ast gewunden werden.

Drahtungstechniken

Soll ein Bonsai von Grund auf eine neue Form erhalten, so müssen alle Teile des Baumes eingedrahtet werden. Man drahtet zunächst den Stamm, danach von unten nach oben die Äste und erst zum

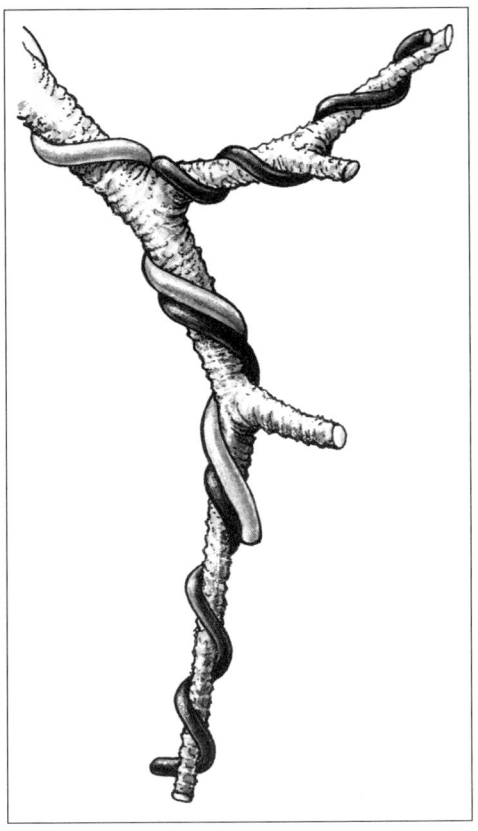

Der dickere Draht wird nur so weit geführt, wie es nötig ist. Mit einem dünneren Draht werden gleichzeitig ein Zweig und die Spitze des Astes gedrahtet.

Der Draht sollte immer auf der Außenseite der Biegung entlanggeführt werden. Er verhindert so ein Durchbrechen des Astes.

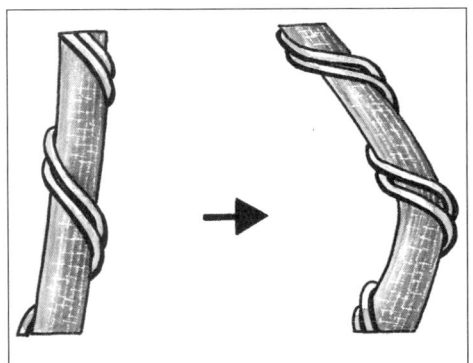

Schluß die Zweige an den Ästen. Die Drahtung erfolgt entsprechend von unten nach oben und von innen nach außen.

Stammdrahtung: Für die Drahtung des Stammes steckt man ein Ende des Drahtes ausreichender Stärke auf der Rückseite nah am Stamm in einem 45 Grad Winkel möglichst tief in die Erde. Jetzt hat der Draht genügend Halt, und man kann ihn um den Stamm winden. Dazu greift man das freie Ende des Drahtes möglichst weit mit der einen Hand, damit der Draht ohne zu großen Druck um den Stamm gewunden werden kann. Mit der anderen Hand wird der Draht beim Winden gesichert und geführt. Gleichzeitig kann man mit dieser Hand den Stamm an den betreffenden Stellen während des Drahtens in die gewünschte Form biegen. Die einzelnen Windungen sollten in einem Winkel von 45 Grad zur Waagerechten angelegt werden. Achten Sie darauf, daß der Draht der Rinde gut anliegt, nicht aber in die Rinde drückt. Der Draht sollte immer außen an einer beabsichtigten Stammbiegung anliegen, weil er so seine größte Druckkraft ausüben kann (siehe Abbildung, Seite 104).

Mit unveränderter Drahtstärke geht man natürlich nur so weit, wie sie auch tatsächlich nötig ist. Den dünneren Stammbereich drahtet man besser mit einem Draht entsprechender Stärke. Dazu führt man den dünneren Draht einige Windungen parallel zum dickeren Draht, um ihm den nötigen Halt zu geben. Mit diesem dünneren Draht drahtet man nun bis in die Spitze des Stammes.

Astdrahtung: Erst nach der vollständigen Stammdrahtung beginnt man mit der Drahtung der Äste. Dazu stellt man sich den Baum in Augenhöhe auf. Der Ast, der im Moment gedrahtet wird, zeigt auf den Gestalter, so daß die Drahtung auf ihn zuführt.

Zur Drahtung benutzt man nach Möglichkeit einen gemeinsamen Draht für zwei Äste etwa gleicher Stärke (siehe Abbildung rechts). Zunächst windet man einige Umdrehungen um den unteren Ast, geht dann mit dem anderen Drahtende einige Windungen parallel zur Stammdrahtung in die nächste Astetage und drahtet diesen Ast ein. Erst danach wird der untere Ast zu Ende gedrahtet.

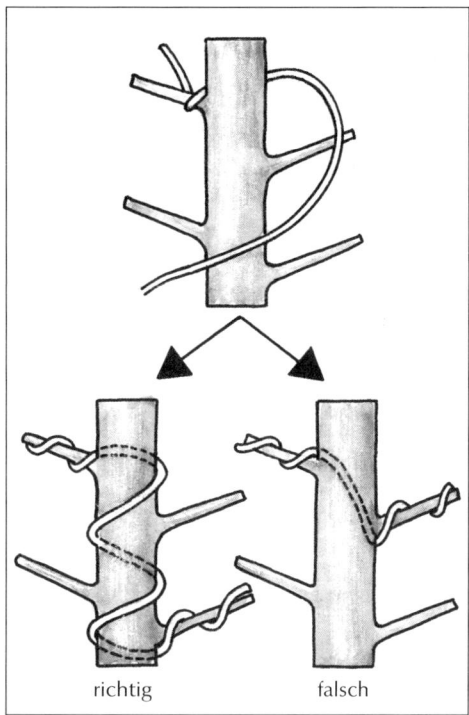

Zwei Äste verschiedener Astetagen werden mit einem gemeinsamen Draht gedrahtet. Der Draht wird zur Stabilisierung einige Male um den Stamm gewunden. Unten links ist die richtige Drahtungsweise zu sehen.

Die Windungen um den Stamm geben dem Draht den nötigen Halt, damit die beiden Äste unabhängig voneinander in Form gebogen werden können. Ohne die Stammumwindungen würde zwischen den beiden Ästen eine Drahtschaukel entstehen, die nur unzureichend Stabilität geben kann.

Je nachdem, welche Korrektur vorgenommen werden soll, muß der Draht unterschiedlich an den Ast angelegt werden. Soll der Ast nach unten weisend gedrahtet werden, geht die erste Windung des Drahtes von oben um den Ast herum.

Linke Seite: Auch mit Hilfe von Spanndrähten kann die Neigung der Äste korrigiert werden.

Beabsichtigt man ein Anheben des Astes, wird die erste Drahtwindung von unten um den Ast herumgeführt.

In gleicher Weise verfährt man nun von unten nach oben gehend mit den anderen Ästen.

Zweigdrahtung: Erst nach Abschluß der Astdrahtungen werden die Zweige an den Ästen eingedrahtet. Hier arbeitet man sich langsam von innen nach außen vor.

Zu beachten ist hier, daß kein Laub mit eingedrahtet wird. Blätter oder Nadeln, die durch den Draht an den Zweig gepreßt werden, sterben ab. Besonders bei Nadelbäumen ist das häufig recht schwierig, und daher ist das Drahten nicht selten langwierig.

Je feiner die Äste werden, um so größer ist die Gefahr, daß man nicht mehr den Draht um den Ast, sondern den Ast um den Draht windet. Hier wird das konzentrierte Zusammenspiel von Drahtungsband und Führhand immer wichtiger. Natürlich können nur bereits verholzte Triebe eingedrahtet werden. Zu weiche Triebe knicken sehr schnell ab.

Übungen: Als Hilfe für die gerade für den Ungeübten schwierigen Drahtungstechniken empfehle ich, mit einem abgeschnittenen Weidenzweig zu beginnen. Mit Gips in einem Blumentopf fixiert, kann man so gefahrlos für einen vielleicht wertvollen Bonsai die Drahtungstechni-

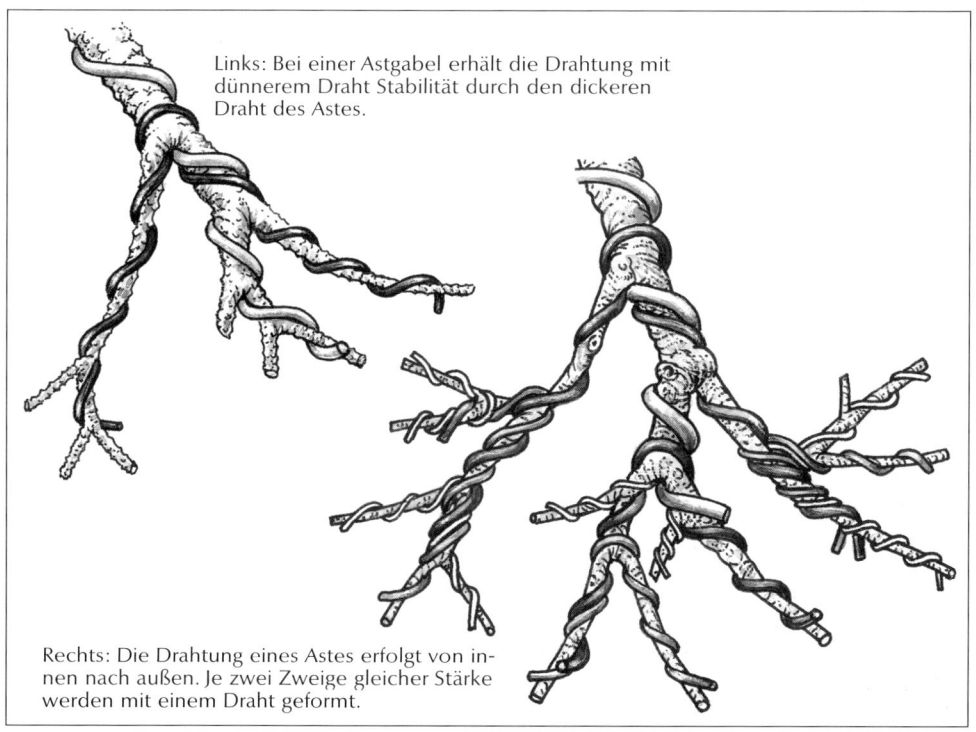

Links: Bei einer Astgabel erhält die Drahtung mit dünnerem Draht Stabilität durch den dickeren Draht des Astes.

Rechts: Die Drahtung eines Astes erfolgt von innen nach außen. Je zwei Zweige gleicher Stärke werden mit einem Draht geformt.

Mit der Drahtzange werden die Drähte beim Entdrahten Windung für Windung durchgekniffen.

ken bis zu einer gewissen Perfektion üben.

Entdrahtungstechnik

Das Entdrahten erfolgt in umgekehrter Reihenfolge wie das Eindrahten. Die Arbeitsrichtung geht hier von oben nach unten und von außen nach innen.
Grundsätzlich wird der Draht nicht abgewickelt, sondern mit der Drahtzange Windung für Windung durchgekniffen. Die einzige Ausnahme stellen ganz dünne Drähte bis ein Millimeter Stärke dar. Ganz vorsichtig können solche Drähte abgewickelt werden. Man sichert mit der einen Hand den Zweig, während die andere Hand den Draht abwickelt.
Die Bonsai-Drahtzange ist so konstruiert, daß die Kneifbacken wie die Schneiden einer Schere zupacken. So kann man kontrolliert den Draht nah an der Rinde durchkneifen, ohne dabei die Rinde zu verletzen.
Sollte der Draht bereits tief in die Rinde eingeschnitten haben, wird der Draht auf keinen Fall mit Gewalt herausgerissen, sondern verbleibt an dem Bonsai. Lediglich zur Entlastung des Baumes sollte der Draht Windung für Windung durchgekniffen werden. Nach einigen Jahren ist der Draht vollständig überwallt und man sieht nur noch die Narben.

Formerhaltung bei Laubbäumen

Die meisten bei uns heimischen Laubbäume werfen im Herbst ihr Laub ab. Bereits in dieser Wintervorbereitungsphase sind die Knospen für den Austrieb im nächsten Frühjahr angelegt. Bringt ein Baum Triebe mit Blättern und Blüten aus verschiedenen Knospen hervor, so sind diese oft auch in ihrer Form verschieden. Vergleicht man die Knospen, so fällt auf,

daß Triebknospen spitz zulaufen, während die Blütenknospen eine abgerundete Spitze haben.

Der Formschnitt

Beim Formschnitt im Spätwinter oder im zeitigen Frühjahr müssen wir auf die verschiedenartigen Knospen achten. Will man Blüten an seinem Blüten-Bonsai haben, sollte man die Triebe so beschneiden, daß die Blütenknospen geschont werden. Da zum Beispiel eine Azalee ihre Blütenknospen immer an der Triebspitze hat, wird ein Formschnitt erst nach der Blüte durchgeführt.
Bei nichtblühenden Bonsai ist vor dem Austrieb immer ein Formschnitt nötig. Die Knospen, die sich an den letztjährigen Triebspitzen gebildet haben, sind meist stärker ausgebildet als die Knospen, die näher zum Stamm am Trieb gebil-

Auch die einzelnen Äste schneidet man auf die Form eines ungleichschenkligen Dreiecks zurück. Gleichzeitig wird die zu dichte Verzweigung ausgedünnt.

det wurden. Beim Austrieb erhält die Triebspitzenknospe immer den größten Anteil an Nährstoffen und unterdrückt das Wachstum der hintenliegenden Knospen. Wird die Triebspitzenknospe entfernt, werden die anderen Knospen stärker versorgt und treiben aus.

Benötigt hingegen ein Ast noch verstärk-

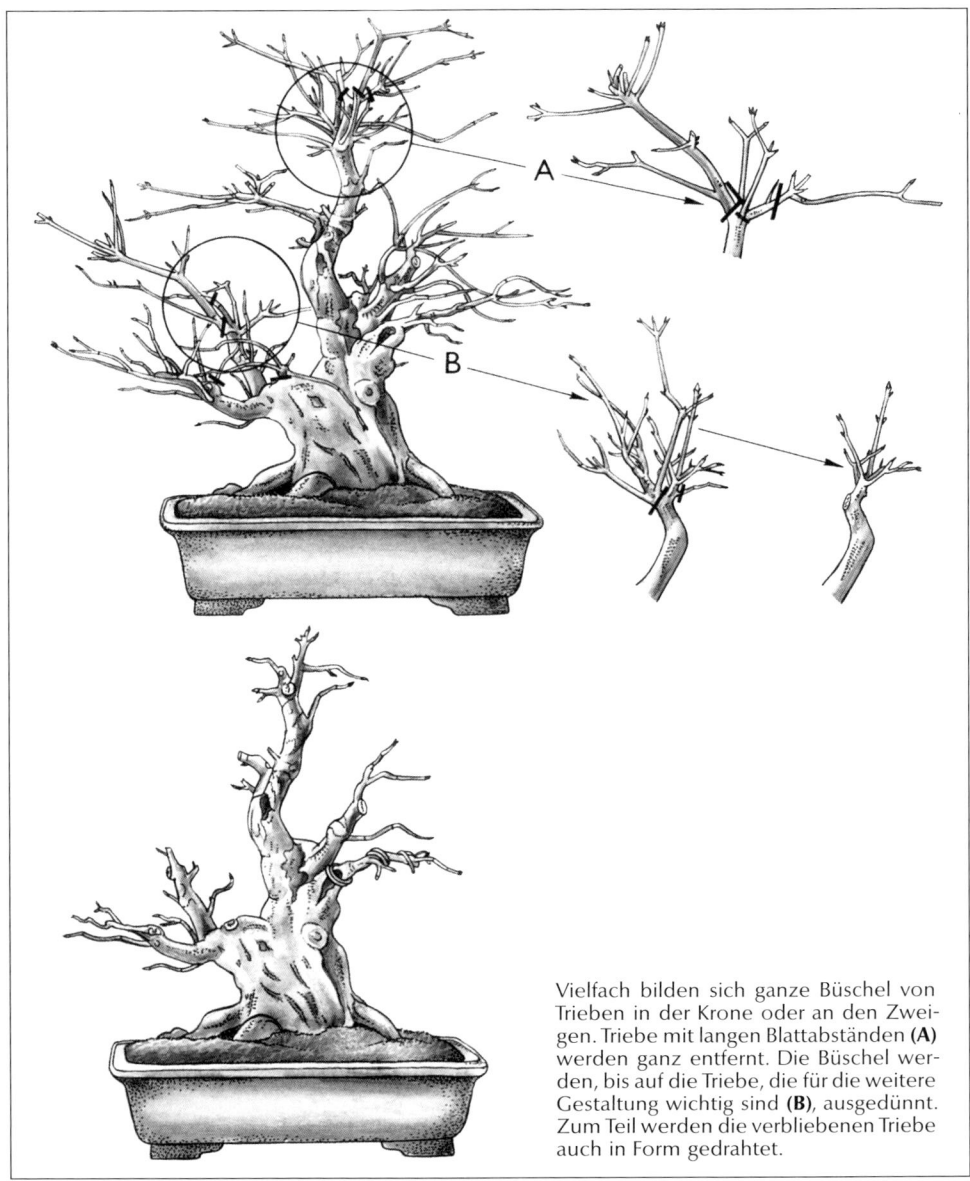

Vielfach bilden sich ganze Büschel von Trieben in der Krone oder an den Zweigen. Triebe mit langen Blattabständen (A) werden ganz entfernt. Die Büschel werden, bis auf die Triebe, die für die weitere Gestaltung wichtig sind (B), ausgedünnt. Zum Teil werden die verbliebenen Triebe auch in Form gedrahtet.

tes Dickenwachstum, werden hier die Triebspitzenknospen nicht entfernt. Je länger man Triebe auswachsen läßt, um so stärker ist das Dickenwachstum der Triebe und des Stammes. Der sich entwickelnde Trieb ist kräftig und läßt durch seine Photosyntheseleistung den Ast schneller dick werden. Lang auswachsende Triebe haben aber die Nachteile, daß sie sich nur wenig verzweigen und große Blattabstände haben. Nach erfolgtem Dickenwachstum müssen solche Langtriebe auf nur sehr wenige Knospen zurückgeschnitten werden. Diese Methode des »Wachsenlassens und starken Zurückschneidens« wendet man so lange an, bis die beabsichtigte Ast- oder Stammdicke erreicht ist.

Nun erarbeitet man eine feine Verzweigung. Die im Kapitel »Die häufigsten Bonsai« (siehe Seite 17 bis 80) angegebenen Formgebungsmaßnahmen dienen genau diesem Ziel. Dazu schneidet man die Triebe sehr früh zurück und führt häufig auch einen Teilblattschnitt durch. Der frühe Rückschnitt beginnt an den äußeren Trieben, weil hier das Wachstum am stärksten ist. Zunächst werden die Baumkrone und die Spitzen der dicken Äste beschnitten. Etwa zwei Wochen später erfolgt der Rückschnitt der feineren Zweige an den Ästen. Grundsätzlich muß die Krone des Baumes den stärksten Rückschnitt erfahren, da sich hier die größte

Wachstumskraft sammelt und die Form des Baumes sonst aus dem Gleichgewicht gerät.

Bei allen Schnittmaßnahmen muß das unterschiedliche Verzweigungsschema der verschiedenen Laubbaumarten berücksichtigt werden. Die Laubbaumarten, die für die Bonsai-Gestaltung in Frage kommen, haben im wesentlichen zwei Verzweigungsschemata: wechselständig und gegenständig.

Wechselständig bedeutet, daß an einem Zweig dem Blatt auf der rechten Seite ein Blatt auf der linken Seite folgt usw. Bei der gegenständigen Verzweigung stehen sich immer zwei Blätter genau gegenüber. Grundsätzlich bildet sich in jeder Blattachsel eine neue Knospe, aus der beim Austrieb ein neuer Trieb mit Blättern herauswächst. Entsprechend haben Bäume mit gegenständigem Verzweigungsschema ein symmetrischeres Wachstum als Bäume mit wechselständiger Verzweigung.

Die Achselknospe zeigt immer in die Richtung, in die der Trieb wachsen wird. Wenn man sich die Stellung der Knospen genau anschaut, kann man das Wachs-

Astentwicklung bei wechselständiger Verzweigung nur durch den Schnitt über mehrere Jahre. Die Knospe bzw. das Blatt hinter dem Schnitt zeigt jeweils in die Richtung, in die der folgende Trieb wachsen wird. Natürlich muß in jedem Jahr geschnitten werden.

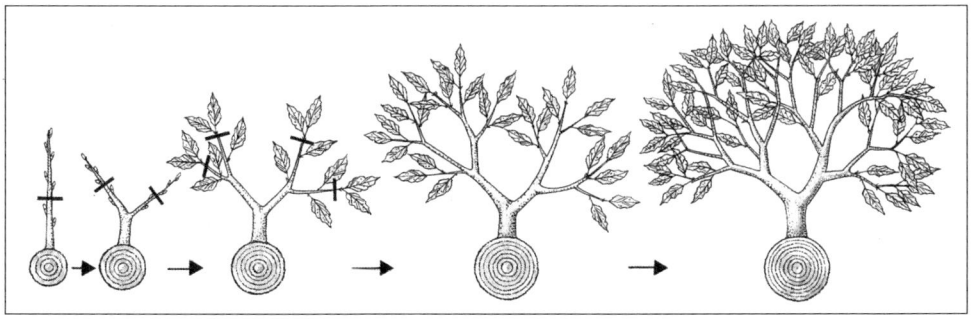

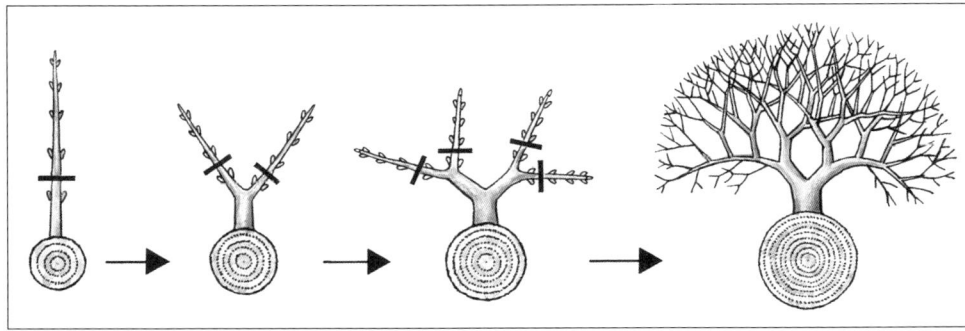

Astentwicklung bei gegenständiger Verzweigung nur durch den Schnitt über mehrere Jahre. Hier ist die Verzweigung viel regelmäßiger als bei wechselständiger Verzweigung.

tum des Triebes vorhersagen. Der Schnitt erfolgt also, von der Triebspitze aus gesehen, vor der Knospe, die in die Richtung zeigt, in die der neue Trieb wachsen soll. Will man bei Bäumen mit gegenständiger Verzweigung nur einen Spitzentrieb in einer bestimmten Richtung haben, bricht man gleichzeitig die Knospe heraus, die nicht austreiben soll.

Stärkerer Rückschnitt

Nach einigen Jahren müssen dicht verzweigte Bäume stärker zurückgeschnitten werden. Vor allem an den Astspitzen und im äußeren Kronenbereich stehen die Blätter gut im Licht und können viel Photosynthese betreiben. In den Kroneninnenbereich und zur Basis der Äste dringt nur wenig oder gar kein Licht vor. Alle Zweige, deren Blätter kein ausreichendes Licht bekommen, bilden keine Blätter mehr aus und sterben ab. Das hat zur Folge, daß der Baum innen verkahlt.

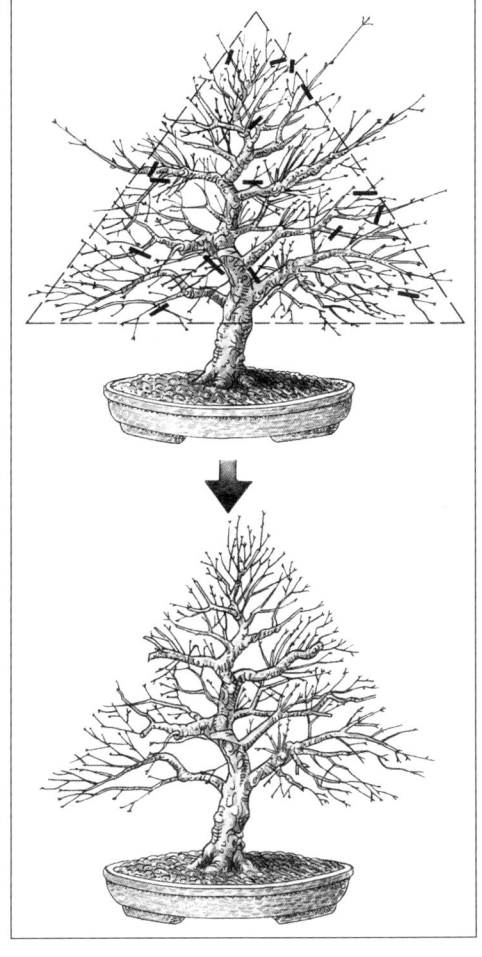

Beim Formschnitt im Frühjahr werden alle Triebe, die über die Grenzen des ungleichschenkligen Dreiecks hinausreichen, eingekürzt. Gleichzeitig wird die Krone ausgelichtet.

Nach einem stärkeren Rückschnitt der Äste kann nun wieder mehr Licht in die inneren Baumbereiche dringen. Eventuell muß eine zu dichte Verzweigung gleichzeitig ausgedünnt werden. Hierdurch werden sogenannte schlafende Augen zum Austrieb angeregt. In der Folgezeit wird der Baum von innen her wieder dichter.

Teilblattschnitt und Vollblattschnitt

Von der Triebbasis zur Triebspitze werden die Blätter und damit auch die jeweiligen Achselknospen immer größer. Große Knospen haben gegenüber kleinen Knospen immer einen Wachstumsvorsprung; das Wachstum verlagert sich so zur Spitze hin.

Mit einem Teilblattschnitt kann man diese Tendenz umkehren. Dazu schneidet man von dem Spitzenblatt einen großen Teil der Blattfläche ab. Dem nächsten Blatt nimmt man weniger seiner Blattfläche (siehe Abbildung rechts). Wird diese Methode durchgeführt, hat nun das innerste Blatt die größte Blattfläche, während das äußerste Blatt die kleinste Blattfläche hat. Beim nächsten Austrieb haben nun die inneren Knospen einen Wachstumsvorsprung, und wir bekommen insgesamt eine gleichmäßige, feine Verzweigung.

Mit einem Vollblattschnitt verfolgt man ein anderes Ziel, nämlich die Verkleinerung zu großer Blätter. Der Vollblattschnitt darf nur bei absolut gesunden Bäumen durchgeführt werden, weil der Baum durch den Blattschnitt immer geschwächt wird. Auch sollte man nicht in jedem Jahr einen Vollblattschnitt durchführen.

Beim Vollblattschnitt schneidet man alle Blattflächen direkt am Blattstiel ab, läßt den Blattstiel aber stehen. Nach einiger Zeit wird der Blattstiel trocken und fällt ab. Aus den Achselknospen erfolgt ein

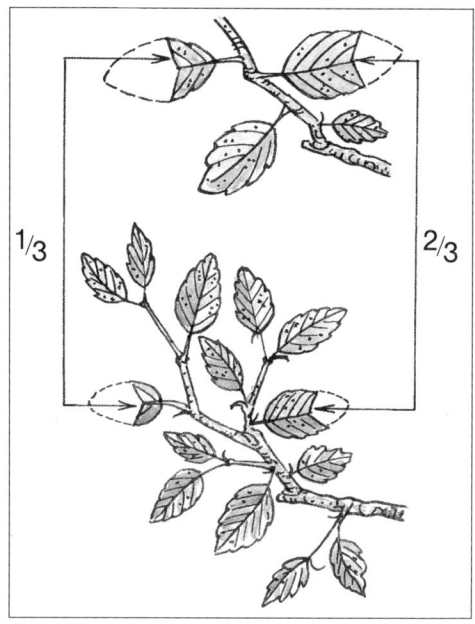

Beim Teilblattschnitt werden die Blattflächen von vorne nach hinten verkleinert. So treiben alle Achselknospen gleichmäßig aus. Die Angaben $1/3$ und $2/3$ beziehen sich auf die am Baum verbleibende Blattfläche.

Zweitaustrieb im selben Jahr, aber mit kleineren Blättern und kurzen Blattabständen. Diese Methode macht nur Sinn, wenn nicht gleichzeitig übermäßig gedüngt wird.

Die richtige Zeit für einen Blattschnitt ist im Frühsommer, sobald die Blätter voll ausgebildet sind und ihre endgültige Farbe erhalten haben.

Formerhaltung bei Nadelbäumen

Je nach Art des Laubes bei Nadelbäumen werden zur Verfeinerung der Gestaltung und Erhaltung der Form unterschiedliche Techniken angewendet.

Oben links: Eine Baumschulpflanze für eine
einfache Bonsai-Gestaltung.

Oben rechts: Überschüssige Äste und Zweige
werden entfernt.

Links: Die verbliebenen Triebe werden eingekürzt.

Rechte Seite oben: Die Hauptdrahtung wird
vorgenommen.

Rechte Seite unten: Beim Drahten werden
störende Äste vorsichtig zur Seite gebogen.

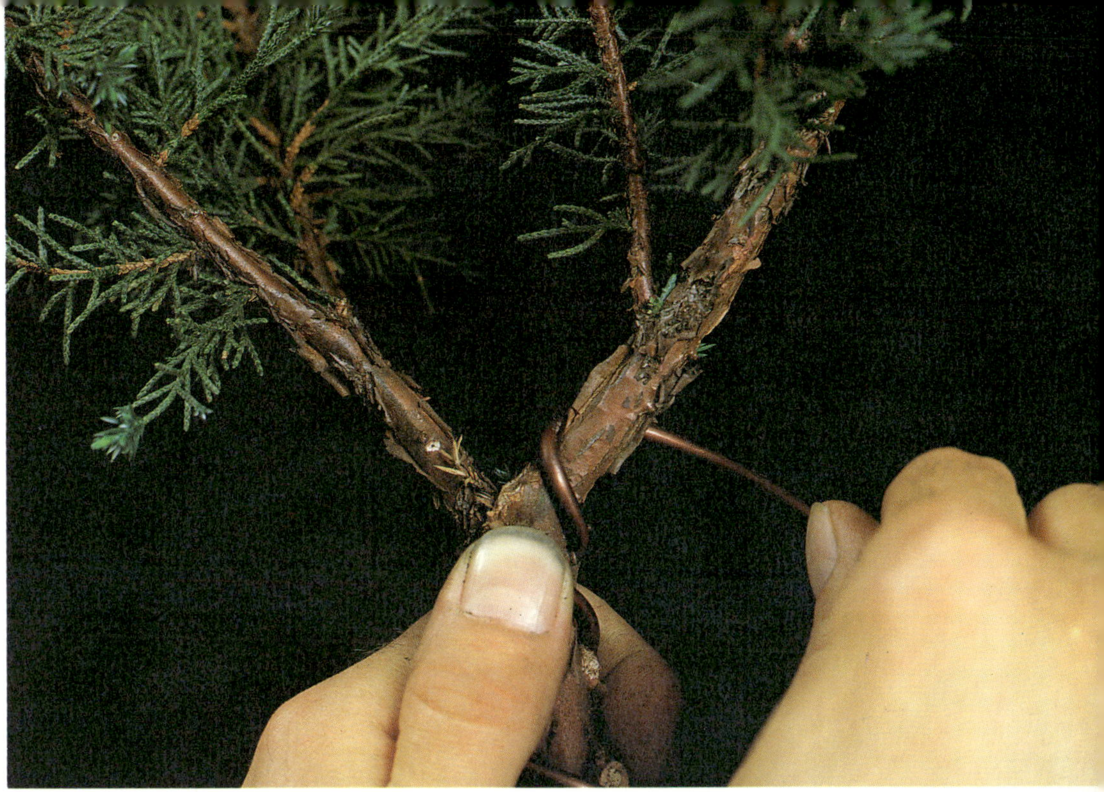

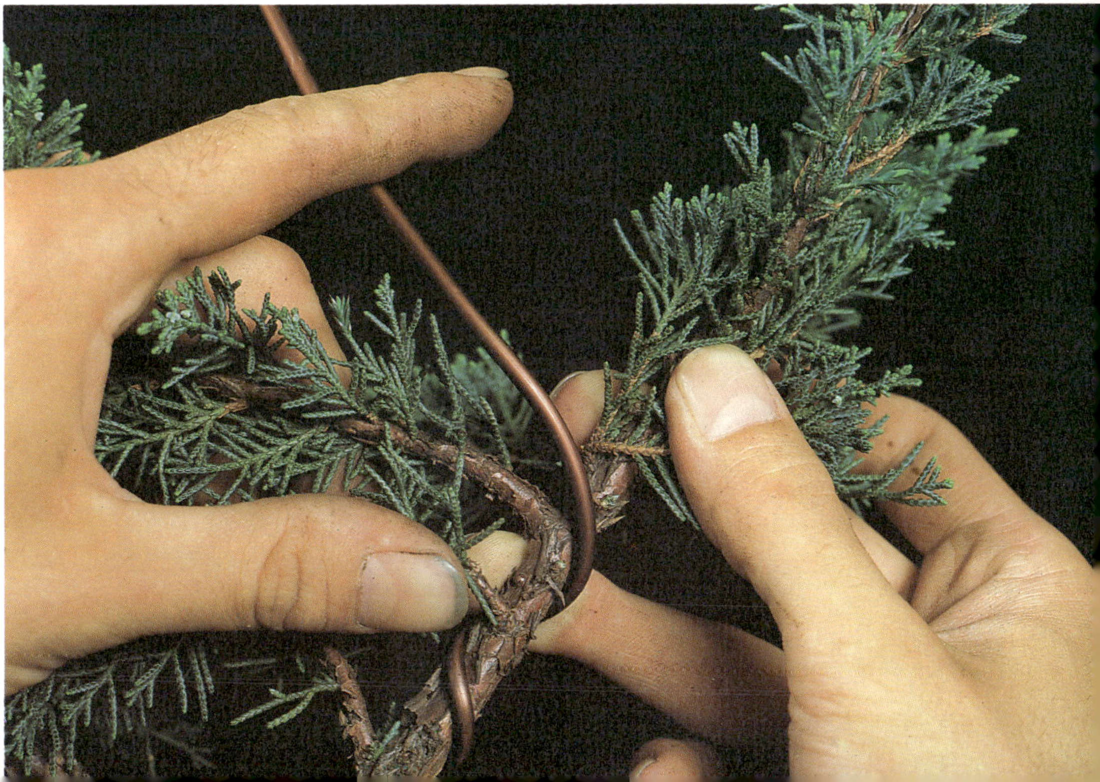

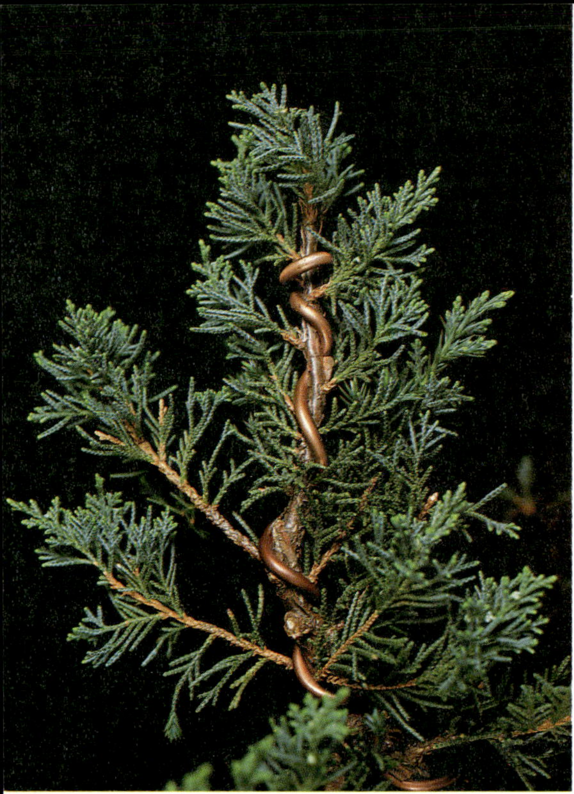
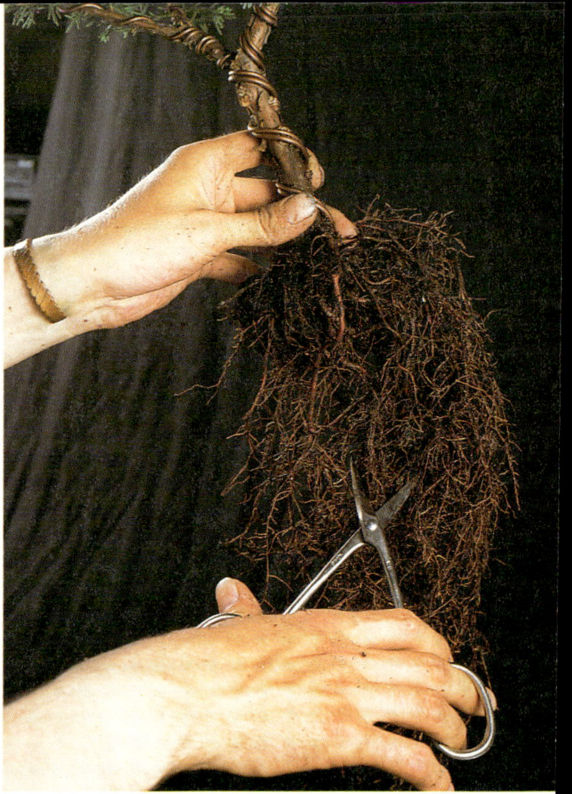
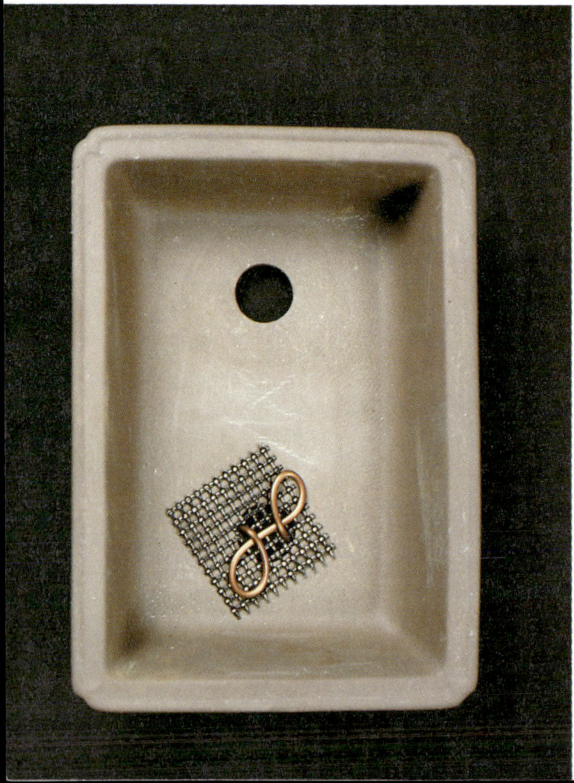
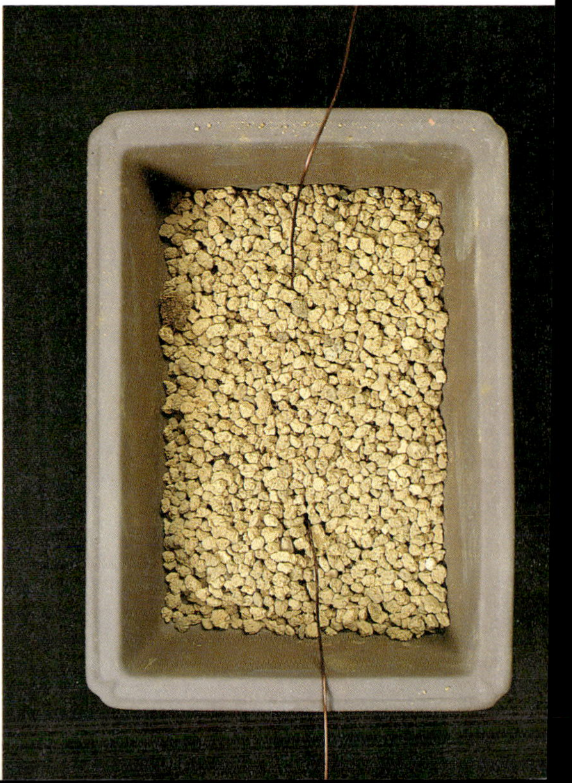

Linke Seite von links oben und nach rechts unten:

Der Stamm ist zur Spitze durchgedrahtet. Das Drahtende ist um den Ast herumgebogen.

Nach dem Lockern des Wurzelballens hängen lange Wurzelbärte herab. Ein bis zwei Drittel der Wurzeln kann abgeschnitten werden.

Über den Wasserabzuglöchern werden Plastiknetze mit Bonsai-Draht fixiert.

Als unterste Lage kommt eine grobe Erdschicht zur Drainage in die Schale.

Rechts: Mit einem Eßstäbchen stochert man die Erde zwischen die Wurzeln.

Unten: Die fertige Pflanzung nach zwei Stunden Gestaltungsarbeit. In den nächsten Jahren werden durch Zupfen der Triebe die Laubpolster aufgebaut.

Formerhaltung bei Kiefern

Aus den Kiefernknospen treiben im Frühjahr kerzenartige Triebe aus. Haben die Kerzen fast ihre endgültige Länge erreicht, schieben sich die Nadeln aus ihren Blattscheiden. Jetzt ist der richtige Zeitpunkt, um die neuen Triebe einer Mädchen-Kiefer einzukürzen.

Das Einkürzen wird mit den Fingerkuppen durchgeführt. Hierzu hält man mit den Fingern der einen Hand den unteren Teil der Kerze fest, während man mit den Fingern der anderen Hand den Teil der Kerze herausdreht, den man entfernen will.

Auf keinen Fall erfolgt das Einkürzen junger Triebe mit der Schere. Bei einem Schnitt werden fast unvermeidlich auch Nadeln angeschnitten, deren Schnittstellen sich braun färben und ein unschönes Bild abgeben.

Kerzen, an deren Basis im Frühjahr viele gelbe, männliche Blüten waren, werden nach dem Abwurf der Blüten ganz entfernt. In dem Bereich, an dem die männlichen Blüten saßen, entwickeln sich keine Nadeln, so daß der Trieb nur an der Spitze ein kleines Büschel Nadeln aufweisen würde. Am Stumpf des abgeschnittenen Triebes bilden sich kleine Knospen, aus denen in diesem oder im nächsten Jahr neue Triebe wachsen.

Die Formerhaltung der Gemeinen Kiefer und der Japanischen Schwarzkiefer ist im Kapitel »Die häufigsten Bonsai« (siehe Seite 59 und 61) ausführlich beschrieben.

Formerhaltung bei anderen Bäumen mit nadelförmigem Laub

Der Austrieb bei Tannen und Fichten unterscheidet sich vom Austrieb der Kiefern. Schon beim Öffnen der Knospen sieht man die Nadeln dicht gedrängt beisammenstehen. Die Dicke des Nadelbüschels ist ein Maß für die spätere Länge des neuen Triebes. Sobald sich der Trieb zu strecken beginnt, zupft man einen Teil des Nadelbüschels mit den Fingerspitzen heraus. Sehr dicken Nadelbüscheln nimmt man zwei Drittel ihrer Masse. Mittlere Nadelbüschel werden um ein Drittel eingekürzt. Kleine Nadelbüschel zupft man nicht zurück.

Bei Lärchen werden nur die Langtriebe auf das gewünschte Maß zurückgeschnitten, sobald die jungen grünen Zweige beginnen, ihre gelbliche oder rötliche Rindenfarbe anzunehmen.

Der Igelwacholder, aber auch der bei uns heimische Gemeine Wacholder, hat nadelartiges Laub. Hier zupft man die Triebspitze ab, sobald der Trieb die gewünschte Länge erreicht hat. In den Achseln der verbliebenen Nadeln bilden sich bald neue Knospen. Sobald diese Knospen auszutreiben beginnen, werden die längeren Nadeln abgezupft.

Formerhaltung bei Nadelbäumen mit schuppenförmigen Blättern

Schuppenförmige Blätter liegen dem Trieb ganz nah an. Beim Einkürzen junger Triebe mit einer Schere werden unweigerlich auch Blätter mit angeschnitten. Die Schnittstellen werden braun und bieten einen unschönen Anblick. Deshalb kürzt man junge Triebe durch Zupfen mit den Fingerkuppen ein.

Beim Chinesischen Wacholder erarbeitet man wolkenförmige Astpolster. Dazu werden alle jungen Triebe, die über die Silhouette hinausragen, zurückgezupft. Der junge Austrieb aller anderen Triebe wird um ein bis zwei Drittel zurückgezupft, sobald er von hellgrün nach dunkelgrün überzugehen beginnt.

Scheinzypressen haben eine fächerförmige Anordnung der Zweige an einem Ast. Dieses Charakteristikum muß bei den Formerhaltungsmaßnahmen herausgearbeitet werden. Wenn es nur darum geht, den Austrieb im Frühjahr zu begrenzen, zupft man lediglich alle Triebe gleichmäßig zurück.

Anders ist es beim Einkürzen eines längeren Triebes. Dazu schneidet man auf einen Nebentrieb zurück, der bereits Ansätze der Fächergestalt zeigt. Nun beginnt dieser Trieb stärker zu wachsen. Die jungen Triebe werden, sobald sie die gewünschte Länge erreicht haben, so zurückgezupft, daß die Fächergestalt wiederhergestellt wird.

Umtopfen, Wurzelschnitt und richtige Erdmischung

Jede Pflanze kann nur so lange gesundes oberirdisches Wachstum haben, wie auch ihren Wurzeln genügend Raum zur Ausbreitung zur Verfügung steht. Spätestens wenn sich das oberirdische Wachstum deutlich verringert, muß umgetopft werden.

Bei einer normalen Topfpflanze setzt man sie in die nächst größere Topfgröße um und füllt mit Pflanzerde auf. Bei einem Bonsai wird neuer Wurzelraum durch einen Wurzelschnitt geschaffen, um ihn anschließend in dieselbe Schale mit neuer Erde zurückzupflanzen. Der Wurzelschnitt hat den Nebeneffekt, daß der Restwurzelballen in der Nähe des Stammfußes angeregt wird, sich zu verzweigen und neue Wurzelspitzen zu bilden. Nur die Wurzelspitzen können Wasser und Nährsalze aus dem Boden aufnehmen und damit die Pflanze versorgen.

Die richtige Erdmischung

Eine optimale Bonsai-Erde muß einige grundsätzliche Forderungen erfüllen. Sie muß genügend Wasser bis zum nächsten Wässern speichern können. Überschüssiges Gießwasser oder Regenwasser muß gut abfließen können. Für eine gute Sauerstoffversorgung der Wurzeln und der nützlichen Bodenorganismen muß gesorgt sein.

Diese Forderungen erfüllt nur eine Mischung aus den Erdkomponenten Lehm, Humus und scharfer Sand.

Der Lehm hat die Aufgabe, Düngerionen so zu binden, daß sie bei Bedarf wieder an den Bonsai abgegeben werden können. Zusätzlich sorgt er für nur geringe pH-Wert-Schwankungen im Boden. Wichtig ist, daß der verwendete Lehm lange seine krümelige Struktur behält und nicht zu einer Verdichtung des Bodens führt.

Humus entsteht durch die Zersetzung von organischen Stoffen, zum Beispiel auf einem Komposthaufen. Als Humus eignet sich daher hervorragend Komposterde, aber auch Rindenhumus ist gut zu verwenden. Auf keinen Fall sollte Torferde verwendet werden. Torf hat einen viel zu hohen Huminsäureanteil, den die meisten Bonsai nicht vertragen. In gutem Humus leben viele nützliche Bodenorganismen, die organischen Dünger in pflanzenverwertbare Nährsalze umwandeln. Zusätzlich speichert der Humus das lebensnotwendige Wasser (siehe auch „Wasser genau dosiert" auf Seite 85).

Der scharfe Sand sollte eine Korngröße von mindestens einem Millimeter haben. Er besteht aus den Verwitterungen von Basalt, Granit oder Lava. Seine Aufgabe ist es, für eine gute Durchlüftung des Bodens zu sorgen, da die Wurzeln für ihren Stoffwechsel Sauerstoff benötigen. Durch diesen Bodenbestandteil fließt überschüssiges Gießwasser gut ab und Staunässe wird verhindert.

Grunderdmischung: Für 1000 Gramm Pflanzerde benötigt man 450 Gramm trockenen Lehm, 50 bis 100 Gramm trockenen Humus und 450 Gramm scharfen Sand.

Wistarien- und Granatapfelerde: Für 1000 Gramm Pflanzerde mischt man 500 Gramm trockenen Lehm mit 300 Gramm trockenem Humus und 200 Gramm scharfem Sand.

Azaleenerde: Wie die Wistarienerde, nur wird hier der Humusanteil wegen des höheren Huminsäureanteils durch sogenannten Düngetorf ersetzt.

> **Besonderer Hinweis:** Mittlerweile wird in jedem gut sortierten Bonsai-Fachgeschäft eine aus Japan importierte Bonsai-Erde angeboten. Diese Erde sieht aus wie krümeliger Lehm. Es gibt keine bessere Bonsai-Erde als diese Japanerde. Ich selbst verwende sie seit Jahren und habe damit die allerbesten Erfahrungen gemacht. Ebenfalls aus Japan importiert wird eine spezielle Azaleenerde, mit der ich auch die besten Erfahrungen gemacht habe.

Vor dem Gebrauch wird die Bonsai-Erde immer gesiebt. Man braucht dazu Siebe mit den Maschenweiten ein Zentimeter, sechs und ein Millimeter.
Die gröberen Erdbestandteile (größer als ein Zentimeter) verwendet man als Drainageschicht am Boden der Bonsai-Schale. Die Pflanzerde hat die mittlere Körnung, also zwischen einem Zentimeter und sechs Millimetern. Die Erde zwischen 5,9 und einem Millimeter verwendet man als Deckerde. Der feine Staubanteil (kleiner als ein Millimeter) wird nicht verwendet.

Von oben nach unten: Beim Wurzelschnitt werden die langen Wurzelbärte stark zurückgeschnitten. Zwischen den Wurzeln des Wurzelhalses lockert man mit einem Eßstäbchen die Erde. Beim Eintopfen werden die Hohlräume mit Erde aufgefüllt.

Oben links: Ein Dreispitzahorn vor dem Umtopfen.

Oben rechts: Der Wurzelballen hat die ganze
Schale ausgefüllt.

Links: Nachdem der Wurzelballen vorsichtig
gelockert wurde, hängen lange Wurzelbärte
herab.

Unten links: Die Schale wird gesäubert, die
Wasserabzuglöcher mit Abdecknetzen versehen und Fixierungsdrähte durch die Abzuglöcher gezogen.

Unten: Zunächst wird eine dünne Drainageschicht eingefüllt. Auf diese wird ein kleiner
Hügel aus Pflanzerde gestreut.

Links: Bei dem Wurzelschnitt wird etwa ein Drittel des gesamten Wurzelballens abgeschnitten.

Links: Der Baum wird mit drehenden Bewegungen auf den Erdhügel gesetzt. Die Fixierungsdrähte werden flach über den Wurzelballen gelegt und die Enden miteinander verdreht.

Unten links: Die Pflanzerde wird mit einem Holzstäbchen zwischen die Wurzeln gestochert. Die Wurzeln werden dabei mit der freien Hand heruntergedrückt.

Unten rechts: Zum Schluß wird eine dünne Schicht feiner Deckerde aufgestreut und mit dem Bonsai-Besen gleichmäßig verteilt. Nach dem Umtopfen muß der Baum gut angegossen werden.

Umtopfen und Wurzelschnitt

Benötigte Materialien sind gesiebte Bonsai-Erde, ein scharfes Messer oder ein Bonsai-Sichelmesser, eine Wurzelkralle, Eßstäbchen oder ein dünnes Stöckchen mit abgerundeter Spitze, Plastiknetze zum Abdecken der Abzuglöcher in den Schalen, Bonsai-Draht zum Fixieren der Netze und des Bonsai in der Schale, mehrere Bonsai-Scheren unterschiedlicher Stärke, eine Drahtzange.

Zur Vorbereitung auf das Umtopfen läßt man die Erde in den Schalen recht trocken werden. Das Frühjahr ist die beste Jahreszeit für das Umtopfen. Schäden durch Staunässe können zum Umtopfen in anderen Jahreszeiten führen (siehe S. 87).

Zunächst durchtrennt man eventuell vorhandene Fixierdrähte mit der Drahtzange. Mit dem scharfen Messer oder dem Sichelmesser löst man nun den Wurzelballen vom Schalenrand. Weit unten am Stamm wird der Bonsai umfaßt und aus der Schale gehoben. Bei einem sehr kompakten Wurzelballen muß man zusätzlich mit der anderen Hand die Schale nach unten ziehen.

Mit Hilfe der Wurzelkralle wird der Wurzelballen von außen her gelockert. Bald hängen lange Wurzelbärte herab, die stark zurückgeschnitten werden. Da der Wurzelballen, je nach Schalentiefe, recht flach sein muß, werden die Wurzeln auf der Ballenunterseite ebenfalls gelockert und beschnitten.

Mit einem Eßstäbchen lockert man den verbliebenen Wurzelballen, so daß ein großer Teil der alten Erde herausrieseln kann. Abgestorbene Wurzelbereiche werden herausgeschnitten. Auf der Ballenoberseite werden der Wurzelhals und die dickeren Oberflächenwurzeln freigearbeitet. Zusätzlich schneidet man zwischen den Wurzeln des Wurzelhalses keilförmige Stücke aus dem Wurzelballen heraus.

Insgesamt werden bei einem normalen Wurzelschnitt zwischen einem Drittel und der Hälfte der Wurzelmasse entfernt. Bei einem mäßigen Wurzelschnitt liegt der Anteil zwischen einem Viertel und einem Drittel des Wurzelballens.

Will man in die vorherige Schale zurücktopfen, wird diese zunächst mit klarem Wasser gut ausgewaschen. Über den Wasserabzugslöchern im Boden der Schale befestigt man mit Hilfe von zwei Millimeter dickem Bonsai-Draht Plastiknetze, damit die Erde später nicht herausrieselt. Nun werden durch die Bodenlöcher Fixierdrähte aus einem ein Millimeter starken Bonsai-Draht gezogen.

Bei Schalen über fünf Zentimeter Wandhöhe füllt man eine Drainage-Erdschicht bis ein Viertel der Schalenhöhe ein. An der Stelle, wo später der Baum stehen soll, macht man einen kleinen Hügel aus Pflanzerde.

Der Baum wird unten am Stamm angefaßt und so umgedreht, daß der Wurzelballen nach oben zeigt. In die Wurzelzwischenräume arbeitet man mit Hilfe des Eßstäbchens Pflanzerde ein und feuchtet sie leicht an. Nun dreht man den Baum wieder um und setzt ihn auf den Hügel aus Pflanzerde in die Schale. Mit drehenden Hin- und Herbewegungen drückt man den Baum tiefer in die Schale. Der Wurzelhals sollte in Höhe der Schalenkante oder knapp darüber liegen.

Die Fixierdrähte werden nun diagonal über den Wurzelballen gelegt und miteinander verdreht; auf keinen Fall die Fixierdrähte um den Stamm wickeln!

Mit Hilfe des Eßstäbchens füllt man nun alle Wurzelzwischenräume mit der trockenen Pflanzerde aus. Dazu stochert man vorsichtig mit dem Eßstäbchen die Erde zwischen die Wurzeln (siehe Abb. Seite 120). Es ist empfehlenswert, zum Schluß noch eine dünne Schicht feiner Erde als Deckschicht aufzustreuen. Anschließend muß kräftig gewässert werden.

Die fünf Basis-Grundstilarten

Die meisten Baumarten kann man schon von weitem an ihrer typischen Gestalt erkennen. So hat eine Fichte in der Regel einen geraden Stamm, an dem nach allen Seiten gleichmäßig die Äste angeordnet sind. Die Form der Äste ist leicht abwärts geneigt mit einer aufstrebenden Spitze. Eine Eiche im freien Stand hat zwar auch einen geraden Stamm, ihre Äste bilden jedoch in der Krone eine fächerartige Silhouette.

Die grundsätzliche Gestalt ist im Erbgut der jeweiligen Baumart festgelegt. Von der Grundform abweichend beeinflussen standorttypische Umweltfaktoren die Form mehr oder weniger stark. Weht zum Beispiel auf einer Bergkuppe ständig ein kräftiger Wind aus einer vorherrschenden Windrichtung, werden Stamm und Äste in die windabgewandte Richtung wachsen.

Jeder Baum erhält so im Laufe seines Lebens eine individuelle Gestalt. Im Grunde ist somit jeder Baum ein einzelnes, unverwechselbares Individuum. Dennoch lassen sich die vielen verschiedenen Baumgestalten auf einige wenige Baumformen zurückführen, deren Einzigartigkeit dann in der speziellen Ausprägung besteht.

Die Grundprinzipien der Bonsai-Gestaltung

In der Bonsai-Gestaltung nennt man diese grundsätzlichen Baumformen die Grundstilarten. Jeder Bonsai stellt entweder einen typischen Vertreter einer Grundstilart dar oder vereinigt in sich einzelne Stilelemente verschiedener Grundstilarten. Wie der jeweilige Bonsai gestaltet wird, hängt sowohl von den Fertigkeiten des Gestalters als auch von den Gegebenheiten des Ausgangsbaumes ab.

Ein guter Lehrmeister ist hier die Natur selbst. Für die naturgemäße Bonsai-Gestaltung findet man die Vorbilder in der freien Natur. Man sollte immer versuchen, einen Bonsai so zu gestalten, daß man das Typische der jeweiligen Baumart grundsätzlich wiedererkennen kann, auch wenn das Gestaltungsvorbild an einem Extremstandort gestanden haben kann.

Die fünf Basis-Grundstilarten sind sicherlich von jedermann nach einiger Übung zu gestalten. Die Beherrschung dieser Gestaltungsformen stellt die Grundlage der Bonsai-Gestaltung dar.

Aber nicht nur technische Fertigkeiten, sondern auch künstlerisches Empfinden sind bei der Bonsai-Gestaltung gefragt. Ein Baum kann ohne weiteres unter Anwendung aller technischen Fertigkeiten gestaltet sein und dennoch als Bonsai keine Aussagekraft haben. Die erste Aussage, die der Bonsai haben muß, ist die überzeugende Darstellung eines großen Baumes in seiner Miniaturisierung. Hier ist die Kunst des Weglassens gefragt. Ein Zuviel an Ästen verbirgt den Stamm, ohne den kein Baum als solcher erkannt wird. Das Thema der Gestaltung wird vom Stamm vorgegeben, welches die Äste in Variationen aufnehmen.

Die Äste bilden optische Dreiklänge. Immer drei Äste beziehen sich in ihrer Stellung aufeinander und bilden eine Einheit.

So entspringt der unterste Ast einer frei aufrechten Form an der Außenseite der ersten starken Stammbiegung, nimmt den Schwung auf und führt ihn zu einer Seite nach außen. Der nächste Ast liegt etwas höher und zeigt im Winkel von etwa 150 Grad zum Hauptast leicht nach hinten. Der dritte Ast entspringt wieder etwas höher und steht im Winkel von etwa 60 Grad zum Hauptast schräg nach hinten. Die Spitzen der drei Äste bilden von oben betrachtet ein ungleichschenkliges Dreieck. In ähnlicher Weise stehen die nächsten drei Äste zueinander. Wobei dieses ungleichschenklige Dreieck zum untersten leicht verschoben ist.

Die Abstände zwischen den Ästen werden von unten nach oben immer geringer, so daß in der Krone die Astdreiklänge nicht mehr voll einzuhalten sind. Eine mehr oder weniger große Anzahl von kurzen und dünnen Ästen bildet den oberen Abschluß des Baumes.

Jeder einzelne Ast ist gemäß seiner Länge und Dicke mehr oder weniger stark verzweigt und übernimmt das Hauptthema der Gestaltung. Die Äste stellen jeweils für sich einen kleinen, aber mehr zweidimensionalen Baum dar. Die Hauptausdehnung des jeweiligen Astes liegt in der Fläche. Kurze Zweige geben dem Ast mit ihrer Belaubung nach oben Volumen; keine Zweige weisen aber nach unten. Von oben betrachtet, bildet die Verzweigung des Astes wiederum ein ungleichschenkliges Dreieck. Von der Seite betrachtet gilt das auch für die Oberseite des Astes, nur eben sehr flach.

Äste, die zur Seite oder nach vorn weisen, geben dem Baum Volumen. Nach hinten zeigende Äste geben der Gestaltung optische Tiefe. In ihrer Addition lassen die Äste und der Stamm den Baum zu einer dreidimensionalen Skulptur werden.

Mit Ausnahme der Besenform werden alle Grundstilarten asymmetrisch gestaltet. Symmetrie widerspricht dem natürlichen Prinzip und läßt die Gestaltung künstlich erscheinen.

Auswahl der Schale

Neben der Gestaltung des Baumes ist die Auswahl der richtigen Schale eine notwendige Voraussetzung für das Gesamtkunstwerk Bonsai. Die Schale ist genauso bedeutend wie der Rahmen für ein Bild oder besser der Sockel für eine Skulptur. Die Schale ist also nicht Selbstzweck, sondern unterstreicht die Gestaltung des Baumes. Wichtig ist, daß die Schale in Form, Farbe und Größe nicht in Konkurrenz zum Baum tritt. Bei der Auswahl einer Schale muß immer der Baum die Entscheidung vorgeben. Es darf nicht ein Baum für eine bestimmte Schale gesucht werden. Eine besonders schöne Schale kann in einer Bonsai-Sammlung auch unbepflanzt ohne weiteres ihren Stellenwert haben. Sie kann zum Beispiel auch bei einer Ausstellung als Formelement gezeigt werden.

Neben den maschinell gefertigten, handelsüblichen Schalen kann man mittlerweile auch handgefertigte Schalen erwerben. Für einen Solitär-Bonsai lohnt es sich sicherlich, solch eine nicht billige handgetöpferte Schale zu wählen.

Im Zusammenhang mit den Grundstilarten gehe ich nur auf die Formen und Proportionen der Schalen ein. Die Wahl der Schalenformen und Schalenfarben hängt von der jeweiligen Baumart und der beabsichtigten Aussage des Gesamtkunstwerkes Bonsai ab. Elegante Baumarten, wie zum Beispiel die Fächerahorne, benötigen eine leichte, flache Schale in einer freundlichen Farbe. Eine imposante Kiefer hingegen wirkt nur in einer schweren, erdfarbenen Schale.

Die Bilder von Solitär-Bonsai in diesem Buch geben Ihnen sicher ausreichend viele Anregungen für die Auswahl der richtigen Schale.

Die streng aufrechte Form

Jap.: Chokkan

Wie der Name schon sagt, wird diese Grundstilart durch einen vom Wurzelansatz bis zur Spitze durchgehenden geraden Stamm definiert. Der Stamm verjüngt sich gleichmäßig von unten nach oben hin, bis er schließlich in einer dünnen Spitze endet.

Die Astanordnung ist nach allen Seiten hin gleichmäßig, wobei man aber darauf achten sollte, daß gerade in den unteren beiden Stammdritteln kein Ast direkt auf den Betrachter zeigt. Schaut man sich die Astanordnung von der Spitze nach unten an, sollte kein Ast einen anderen Ast von oben verdecken. Nur so können alle Äste das lebensnotwendige Licht für die Photosynthese bekommen. An einem Ast, der ständig von anderen Ästen beschattet wird, werden bald keine Blätter mehr gebildet, und der Ast stirbt ab.

Von vorn betrachtet bildet die Astsilhouette ein ungleichschenkliges Dreieck und der Gesamtbaum gleicht einem Kegel. Der unterste Ast ist nicht nur der längste, sondern auch der dickste Ast und zeigt zu einer der beiden Seiten. Die nächsten Äste sind spiralförmig nach oben gehend angeordnet. Dabei nehmen die Äste von unten nach oben an Länge und Dicke ab. Im Gegensatz zum Stamm sollten die einzelnen Äste, vor allem bei Laub-Bonsai, sparsame, aber markante Biegungen aufweisen. Lediglich bei manchen Nadelbaumarten, wie zum Beispiel Fichten oder Tannen, findet man auch bei den Ästen gerade Formen.

Streng genommen sollten niemals zwei Äste in gleicher Höhe dem Stamm entspringen, dies läßt sich aber manchmal nicht ganz vermeiden. Auf keinen Fall soll-

Der Stamm geht bei der streng aufrechten Form völlig gerade bis zur Spitze durch. Sicher steht der Baum auf einem ausladenden Stammfuß.

ten die unteren Hauptäste in gleicher Höhe stehen.

Im oberen Drittel des Stammes findet man nur noch kürzere Äste, die die Krone bilden. Hier dürfen einzelne Äste auch auf den Betrachter weisen oder in gleicher Höhe entspringen. Sehr künstlich sieht es in jeder Baumhöhe aus, wenn mehrere Äste in gleicher Höhe wie die Speichen eines Rades angeordnet sind. Bei einer solchen Speichenanordnung von Ästen werden alle Äste bis auf einen oder zwei entfernt.

Jeder Ast sollte sich seiner Länge entsprechend mehr oder weniger stark verzweigen. Schaut man von oben auf die Zweige eines Astes, bilden auch sie ein ungleichschenkliges Dreieck. Gleiches gilt für das Laubpolster auf der Astoberseite. Von der Seite betrachtet, bilden die sehr kurzen, auf dem Ast stehenden

Zweige mit ihrem Laub ein von vorn nach
hinten leicht ansteigendes Dreieck. Auf
keinen Fall sollten Zweige von dem Ast
nach unten wachsen. Solche Zweige werden sofort entfernt.

Trotz des Laubes in Herbstfärbung kann man die
streng aufrechte Form der Zelkove erkennen. Der
Stamm geht vollkommen gerade bis zur Baumspitze durch.

Die Ansätze der Äste am Stamm sind frei von Laub und feinen Zweigen. Nur so bleibt die Illusion eines alten, sturmerprobten Baumveteranen gewahrt. Bei einem alten Baum kommt es im Kroneninnenbereich nur noch zu spärlichem Neuaustrieb, da dieser Bereich vom Kronendach beschattet wird. Das Innere der Krone sollte aber nicht völlig leergeräumt werden, weil auch das wieder künstlich wirkt. Hier und da sollte der Stamm auch von feinen Zweigen verdeckt werden. Die größte Breite der Astkonstruktion entspricht maximal zwei Dritteln der Gesamtbaumhöhe.

Der Wurzelansatz breitet sich mit gut sichtbaren, dickeren Wurzeln sternförmig nach allen Seiten hin aus. Zur Unterstreichung der optischen Tiefe sind die Wurzelansätze auf der Vorderseite deutlich kürzer als auf der Rückseite des Bonsai.

Auswahl der Schale

Als Schalenformen kommen für diese Grundstilart nur flache Schalen in Frage, die länger als breit sind. Die Schalen können oval oder rechteckig sein. Eine der beiden längeren Seiten ist die Vorderseite für die Bonsai-Gestaltung (siehe auch Seite 135).

Die Schalentiefe entspricht in der Regel dem Stammdurchmesser an der dicksten Stelle. Lediglich bei sehr dünnen Stämmen muß wegen des sonst zu geringen Wurzelraumes auf etwas tiefere Schalen ausgewichen werden.

Die größte Breite der Schale entspricht maximal der Höhe des Baumes. Die Schale steht auf sehr niedrigen Füßen, die die ausgewogenen Proportionen der Schale betonen sollen.

Die Stellung des Baumes ist niemals genau in der Mitte der Schale. Man teilt die Schale mit einer gedachten Verbindungslinie zwischen den beiden Schalenseiten in zwei Hälften und von der Vorderseite aus in drei Drittel. Der Baum wird etwas hinter der Mittellinie und etwas mehr als ein Drittel von einer der Schmalseiten entfernt eingepflanzt. Der unterste Hauptast weist dabei in Richtung der größeren Freifläche in der Schale. Mit der asymmetrischen Stellung des Baumes erzielt man in der Gestaltung ein harmonischeres Gesamtbild.

Gestaltung einer streng aufrechten Form

Für die Gestaltung in streng aufrechter Form eignen sich fast alle Baumarten. Besonders zu bevorzugen sind hier Baumarten, die eine interessante Rinde haben oder im Laufe der Jahre ausbilden. Lediglich Zuchtformen, die von Natur aus einen gebogenen Stamm ausbilden, wie zum Beispiel die meisten Bodendecker, sind weniger gut geeignet. In der Baumschule wird man recht leicht geeignete Ausgangspflanzen finden können.

Für die Gestaltung in streng aufrechter Form eignen sich alle Nadelbaumarten und einige Laubbaumarten. Besonders gut zu verwenden sind als Laubbaumarten Ahorne, Zelkoven, Buchen, Hainbuchen, Quitten, Ulmen, Feigen und der Ginkgo.

Ist der Stamm nicht ganz gerade, sollte er noch so flexibel sein, daß er durch Drahten gerade gebogen werden kann. Meist wachsen die Äste bei jungen Bäumen ziemlich deutlich nach oben. Sie sollten noch so biegsam sein, daß sie nah am Stammansatz horizontal oder leicht nach unten gedrahtet werden können. Das untere Drittel des Stammes soll keine Astansätze aufweisen, entsprechend werden hier vorhandene Äste entfernt. Die Astanordnung folgt wieder dem beschriebenen Dreiklang.

Findet man einen Baum, der eigentlich gute Voraussetzungen für einen Bonsai in streng aufrechter Form mitbringt, aber zu hoch ist, kann man den Stamm einkürzen. Eingekürzt wird der Stamm oberhalb eines Astes, den man dann so drahtet, daß er die gerade Verlängerung des Stammes bildet.

Der Schnitt wird gegenüber diesem Ast schräg nach unten geführt. Wenn möglich wird der Schnitt auf der Rückseite des Bonsai durchgeführt und ein Ast, der nach vorn zeigt, zur neuen Spitze hochgedrahtet. Nach einiger Zeit ist die Wunde verheilt und nur noch bei genauerem Hinsehen auszumachen. Besonders gut verläuft die Wundverheilung, wenn die Schnittstelle mit einem Wundverschlußmittel behandelt wird.

Wichtig ist bei dieser Grundstilart der Wurzelhals. In gleicher Höhe sollten mehrere starke Wurzeln sternförmig vom Stamm wegstreben. Häufig findet man einen im Erdreich verborgenen, für den Wurzelhals geeigneten Wurzelbereich. Im Laufe der Jahre lassen sich feine Wurzeln zu einem sehr gut ausgeprägten Wurzelansatz erziehen.

Die frei aufrechte Form

Jap.: Moyohgi

Auch bei dieser Baumart deutet der Name auf den Stammverlauf hin. Der Stamm weist vom Stammfuß bis zur Spitze eine Reihe von Schwüngen und Biegungen nach hinten, nach vorn, nach links und nach rechts auf. In der Natur prägt sich diese Form bei Bäumen aus, die starken Umwelteinflüssen ausgesetzt sind.

Verliert zum Beispiel ein Baum seine Krone bei einem starken Sturm, wird einer der Äste, die unterhalb der Bruchstelle liegen, in seinem Wachstum umge-

leitet und zur neuen Baumspitze. Da der Ast vorher in einem bestimmten Winkel dem Stamm entsprang und nur seine Spitze im Wachstum umgeleitet wird, zeigt der neue Stammverlauf nun eine Biegung.

Gleiches geschieht, wenn der Stamm durch einen Erdrutsch ein wenig geneigt wurde. Seine Spitze wird sich nun so biegen, daß sie wieder senkrecht aufwärts wächst. Auch hier sieht man nun eine deutlich sichtbare Stammbiegung.

Die frei aufrechte Form ist die häufigste in der Bonsai-Gestaltung anzutreffende Grundstilart. Lassen sich doch in ihr sehr eindrucksvolle Baumindividuen nachempfinden, und dem Gestalter bietet sich außerdem eine Vielzahl von Gestaltungsmöglichkeiten (siehe Abbildung, Seite 130).

Diese Mädchen-Kiefer zeigt alle Merkmale der frei aufrechten Form: Der Stamm geht in sanften Schwüngen vom Wurzelhals zur Baumspitze; die Äste entspringen an den Außenseiten der Stammbiegungen; die Krone liegt im Lot über dem Wurzelhals.

Dennoch sind einige wichtige Kriterien bei der Gestaltung zu beachten. Die Stammbiegungen sollten kein unruhiges Zickzackmuster bilden. Die Biegungen sind im unteren Stammbereich ausladender und werden zur Spitze hin immer weniger schwungvoll. Die erste und stärkste Stammbiegung geht zu einer Seite und gleichzeitig nach hinten. Insgesamt ist das untere Drittel des Stammes nach hinten gebogen. So wird eine optische Tiefenwirkung erzielt. Die zweite Stammbiegung ist weniger ausladend, geht zur anderen Seite und stellt so ein Gegengewicht dar. Die weiteren Stammbiegungen sind so angelegt, daß der obere Baumteil auf den Betrachter zukommt.

Auch hier gilt bei der Gestaltung der allgemeine Grundsatz: Weniger ist häufig mehr. Einige wenige, harmonische Stammbiegungen lassen die Gestaltung natürlicher wirken als viele abrupte und unruhige Richtungsänderungen.

Die Baumspitze liegt im Lot über dem Stammfuß. Neigt sich die Krone zu einer Seite, wirkt der Bonsai instabil. Leicht weist die Krone nach vorn, auf den Betrachter zu. Man sagt: »Der Baum grüßt den Betrachter mit grazilem Nicken«.

Die Hauptäste entspringen dem Stamm nach Möglichkeit an der Außenseite der Stammbiegungen. Nur so können die Äste ihr Laub dem Licht für die Photosynthese präsentieren. Im oberen Drittel des Stammes dürfen einige der viel kürzeren Äste auch auf der Innenseite von Stammbiegungen wachsen.

In ihrem Verlauf nehmen die Äste die Biegungen des Stammes auf. Auch sie haben Biegungen, an deren Außenseiten die Zweige herauswachsen.

Wieder bilden die Silhouette des Baumes eine Pyramide mit dreieckiger Grundflä-

Die Mädchen-Kiefer zeigt in ihrem Stammverlauf zwar nur sehr dezente Biegungen. Man ordnet sie aber dennoch als frei aufrechte Form ein.

che und die Anordnung der Zweige eines Astes ungleichschenklige Dreiecke. Der unterste Ast ist der längste und dickste Ast und zeigt zu einer Seite. Seine Spitze bildet den ersten Eckpunkt der dreieckigen Pyramidengrundfläche. Die Spitze des zweiten Astes stellt den nächsten Eckpunkt dar. Als dritter Eckpunkt des Dreiecks dient der dritte Ast. Die Kronenspitze ist die Spitze der Pyramide. Die anderen Äste gehen mit ihren Spitzen nicht über die gedachten Pyramidenlinien hinaus. Die Länge und Dicke der Äste nimmt von unten nach oben harmonisch ab.

Auswahl der Schale

Die richtigen Schalen für die frei aufrechte Form sind flach und oval oder rechteckig. Die Höhe des Schalenrandes entspricht dem Durchmesser des Stammes an seiner dicksten Stelle. Die Breite der Schale errechnet sich aus der Höhe des Baumes. Die Schalenbreite hat zwei Drittel der Baumhöhe (siehe auch S. 135). Wie bei der streng aufrechten Form wird auch bei der frei aufrechten Form der Baum nicht genau in die Mitte der Schale gepflanzt. Er wird kurz hinter die Mittellinie der Schale nach hinten und etwas mehr als ein Drittel von der Schalenbreite zu einer Seite gesehen eingepflanzt. Der Hauptast zeigt wieder in Richtung der größeren Freifläche zur Seite.

Gestaltung einer frei aufrechten Form

Nimmt man für die Gestaltung eines Bonsai in frei aufrechter Form eine Baumschulpflanze als Ausgangspflanze, so sucht man nach einer Pflanze, die entweder bereits Stammbiegungen aufweist oder noch so biegsam ist, daß sie mit Hilfe von Draht geformt werden kann. Hat der Baum natürliche Stammbiegungen, schaut man, ob Äste entweder an der Außenseite der Biegungen entspringen oder ob sie dorthin gedrahtet werden können. Diese Kriterien gelten natürlich nur für die nicht mehr biegbaren, dicken Stammteile.

Dünnere Stämme oder Stammteile lassen sich durch Drahten in die beabsichtigte Form bringen. Besonders gute Ausgangspflanzen für die Bonsai-Gestaltung sind reich verzweigt und dicht. Durch Beschneiden lassen sich leicht die überschüssigen Äste und Zweige entfernen. Sind nur wenige Äste vorhanden, müssen diese schon sehr optimal angeordnet wachsen, damit sich dieser Baum zur Bonsai-Gestaltung eignet.

Die Äste stehen horizontal oder leicht abwärts geneigt zum Stamm. Alle Zweige, die von den Astetagen nach unten weisen, werden abgeschnitten. Auf der Oberseite des Astes baut man mit den feinen Zweigen und dem Laub eine flache Kuppel auf, die von der Astspitze her flach ansteigt und nach der Hälfte der Astlänge schnell abfällt. Direkt am Stammansatz der Äste werden das Laub und die feine Verzweigung entfernt.

Will man seinen Bonsai selbst aus Samen oder Stecklingen heranziehen, kann man sein Wachstum von Anfang an kontrollieren. Hierbei ist es möglich, die Stammgestaltung fast vollständig ohne Draht durchzuführen. Dazu pflanzt man nach ein oder zwei Jahren den Sämling oder Steckling schräg ein und schneidet die Spitze vor einem Ast, der jetzt nach oben zeigt, ab. Nach weiteren ein oder zwei Jahren pflanzt man den Baum so ein, daß er sich nun in eine andere Richtung neigt und schneidet die Spitze wie beim ersten Mal zurück. Die vorherige Baumspitze wird nun zum ersten Hauptast. So kann man von Umtopfaktion zu Umtopfaktion immer wieder eine neue Stammbiegung hinzufügen. Diese Methode ist zwar langwierig, führt aber meist zu den besten Erfolgen.

Auch bei dieser Grundstilart ist der Wurzelansatz sehr wichtig. Starke Wurzelansätze streben sternförmig vom Stammfuß nach außen, wobei die Wurzellinien auf der Innenseite der ersten Stammbiegung und auf der Vorderseite des Baumes kürzer gehalten sind. Entgegen der Stammbiegung sind die Wurzellinien länger gestreckt und führen die Augen des Betrachters auf die Biegung zu. Auf der Rückseite des Baumes findet man ebenfalls längere Wurzellinien. Sie geben dem Bonsai optische Tiefe.

Die Besenform

Jap.: Hokidachi

Der Name dieser Grundstilart bezieht sich auf die Form der Baumkrone. In einer

Bei der Besenform erhebt sich über einem kurzen, geraden Stamm eine halbkreisförmige, feinverzweigte Krone. Die Hauptäste kommen alle in gleicher Höhe aus dem Stamm. Besonders wichtig ist der gut ausgeformte Stammfuß.

bestimmten Höhe des absolut geraden Stammes streben viele Äste in verschiedene Richtungen auseinander und bilden die Krone des Baumes (siehe Abbildung, Seite 132). Die Baumform erinnert so an einen umgekehrten Reisigbesen. Besonders wichtig ist bei dieser Grundstilart der Stammfuß, soll der Baum nicht wie ein in den Boden gesteckter Reisigbesen aussehen. Die Wurzeln müssen am Stammfuß gleichmäßig und sternförmig angeordnet sein.

Durch die vielen Äste und die reiche Verzweigung nimmt die Krone fast die Form

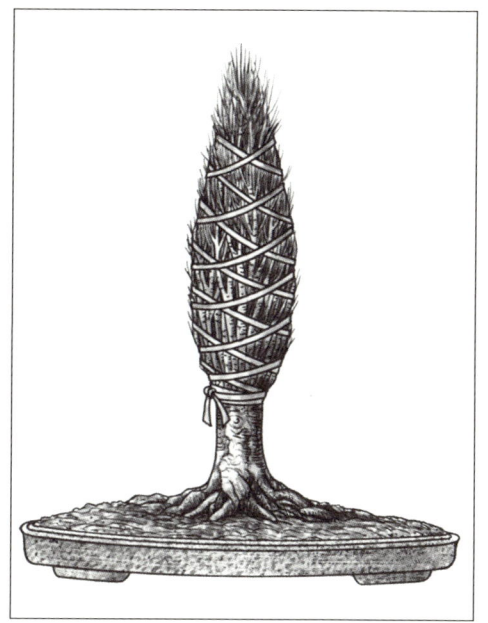

Rechts: Im Spätherbst werden die Äste mit Bast wie ein Reisigbesen zusammengebunden. So wird verhindert, daß die Krone zu sehr auffächert.

Unten: Zelkoven eignen sich besonders gut für die Besenform.
(Besitz: Bonsai-Centrum Heidelberg)

Eine modifizierte Besenform geht von einem bis zur Kronenspitze durchgehenden Stamm aus. Von links nach rechts: Hier wird jeder einzelne Ast wie eine Besenform gestaltet. Insgesamt ergibt sich wieder eine kuppelförmige Krone.

einer Halbkugel an. Das Verhältnis zwischen Stammlänge und Kronenhöhe ist etwa mit ein Drittel zu zwei Drittel anzugeben. Der Kronendurchmesser entspricht dem zehnfachen Stammdurchmesser. Zu vermeiden sind sich überkreuzende Äste und Zweige.

In idealer Weise repräsentieren häufig frei stehende Buchen auf einem Feld oder einer Wiese diese Stilart. Die berühmte »Bavaria-Buche« sei hier als Beispiel genannt. Aber auch Linden und Eichen kann man in dieser Bauform sehen. Niemals findet man Nadelbäume in der Besenform. In der Bonsai-Gestaltung findet man hauptsächlich Ulmen und Zelkoven in der Besenform, da dies ihrer natürlichen Wuchsform entspricht. Fächerahorne und Dreispitzahorne lassen sich ebenfalls in dieser Form gestalten.

Durch regelmäßiges Beschneiden der Triebe, die über das Kronendach hinauswachsen, erhält man die Form. Alle drei bis fünf Jahre sollten Bonsai in Besenform vor dem Austrieb im Frühjahr stärker zurückgeschnitten und ausgedünnt werden. Nur so läßt sich die feine Verzweigung erhalten und ein Auskahlen des inneren Kronenbereiches vermeiden. Auch hier gilt, daß die Äste und Zweige, die nicht mehr ausreichend Licht bekommen, absterben. Ist die Krone ausgelichtet, treiben schlafende Augen im Kroneninnenbereich aus und lassen die Krone in den nächsten Jahren wieder dicht werden.

Nach dem Laubfall im Herbst bindet man die Äste und Zweige wie einen Reisigbesen mit Bast zusammen. Der Bast sollte zwar fest angelegt sein, aber nicht so stark geschnürt werden, daß die Äste brechen. Diese Methode verhindert, daß die Äste zu sehr auffächern und die Krone abflacht (siehe Abbildung, Seite 133). Kurz vor dem Austrieb im Frühjahr wird der Bast entfernt, wodurch die Äste wieder leicht auffächern. Die Äste breiten sich jetzt aber nicht mehr so stark aus wie vor dem Zusammenbinden.

Auswahl der Schale

Bei der Auswahl der richtigen Schale für die Besenform gelten dieselben Kriterien wie für die streng aufrechte Form oder die frei aufrechte Form.

An dieser Stelle möchte ich für alle drei Formen auf einige besonders reizvolle Schalen eingehen. In der Regel gilt bei ovalen und rechteckigen Schalen das Verhältnis Länge zu Breite gleich vier zu drei, entsprechend ist eine 40 Zentimeter lange Schale 30 Zentimeter breit.

Es gibt aber auch Schalen, die deutlich länger als breit sind. So findet man zum Beispiel Schalen mit dem Verhältnis Länge zu Breite wie neun zu drei, die gleichzeitig sehr flach sind. In solche Schalen pflanzt man den Baum innerhalb des ersten Drittels von einer Seite aus gesehen. Mit flachen Steinen kann man nun die Oberfläche der großen Freifläche landschaftsartig gestalten. Man erzielt so mit nur einem Baum und wenigen, dezent eingesetzten anderen Materialien den Eindruck einer stillen, weiten Landschaft.

Einen ähnlichen Effekt kann man mit flachen, langgestreckten Pflanztabletts oder Schieferplatten erzielen. Bei solchen Tabletts fehlt naturgemäß ein Schalenrand. Damit die Pflanzerde beim Gießen nicht weggespült wird, legt man aus einer feuchten Torf-Lehm-Mischung (Torf zu Lehm im Verhältnis eins zu eins) einen Wall um die Pflanzfläche. Nach dem Einpflanzen mit normaler Bonsai-Erde werden Wall und Erdoberfläche mit flachen Moospolstern abgedeckt.

Gestaltung einer Besenform

Nur selten wird man in einer Baumschule einen jungen Baum finden, der bereits in der Besenform wächst. Wohl aber sind Bäume zu finden, die die Anlagen für eine gute Besenform mitbringen.

Man sucht nach einem Baum mit geradem Stamm, bei dem mehrere Äste in einer Etage aus dem Stamm wachsen. Knapp oberhalb dieser Astetage schneidet man den Stamm ab und drahtet die Äste halbkugelförmig nach oben. Die Schnittwunde wird mit einem Wundverschlußmittel abgedeckt. Je nach Größe der Wunde ist sie nach einem oder mehreren Jahren zugeheilt.

In der Folgezeit müssen die Äste immer wieder beschnitten werden, damit die Krone dichter wird. Äste, die unterhalb der neuen Krone dem Stamm entspringen, werden direkt am Stamm abgeschnitten. Besser ist es, unerwünschte Nebentriebe bereits im Knospenstadium zu entfernen. Eine so kleine Wunde verheilt sofort, während die Wundverheilung bei einem dickeren Ast häufig sehr lange dauert und eine sichtbare Narbe hinterläßt. Solche Narben sind gerade bei der Besenform sehr störend und nehmen der Gesamtgestaltung viel von ihrer sonst ruhigen Harmonie.

Die Gestaltung einer Besenform gelingt am einfachsten aus einem Zelkovensämling oder -steckling. Wie schon erwähnt, ist die Besenform die natürliche Wuchsform dieser Baumart. Schon durch einfaches Beschneiden läßt sich eine Zelkove in diese Form bringen. Unterstützen sollte man die Gestaltung durch das oben erwähnte Zusammenbinden der Äste im Spätherbst.

Im Frühjahr des ersten Jahres der Gestaltung einer Besenform aus einem Sämling oder Steckling nimmt man eine absolut gerade Pflanze. Die Wurzeln, die den Stammfuß bilden sollen, werden vorsichtig mit den Fingern sternförmig ausgebreitet und mit Erde bedeckt.

In dem Bereich, der den Stamm bilden soll, darf keine Verzweigung vorhanden sein. Durch entsprechendes Abschneiden der Spitze legt man die Länge des Stammes fest. Schneidet man auf zehn Zentimeter zurück, wird die Besenform später insgesamt 30 Zentimeter hoch sein.

Unterhalb der Schnittstelle sollten zwei oder mehrere Knospen dicht beieinander stehen. Die Äste, die sich aus diesen Knospen entwickeln, sollten nach dem Aushärten fächerförmig auseinandergedrahtet werden. Sich im Stammbereich entwickelnde Knospen werden noch vor dem Entfalten ausgebrochen.

Haben sich bei einer Zelkove sechs bis acht Blätter pro Trieb entwickelt, werden sie auf zwei bis drei Blätter zurückgeschnitten. Die Blätter werden vom Stammansatz zur Spitze hin größer. Die Achselknospen großer Blätter treiben stärker aus und unterdrücken den Austrieb der kleineren Knospen. Ideal wäre es aber, wenn alle vorhandenen Achselknospen austreiben würden. Das erreicht man durch einen Trick.

Das Blatt an der neuen Triebspitze wird durch einen Teilblattschnitt um zwei Drittel seiner Blattfläche verkleinert. Die Fläche des zweiten Blattes wird um ein Drittel verkleinert. Das innerste Blatt läßt man unbeschnitten. Auf diese Weise ist das Blattflächenverhältnis genau umgekehrt und alle Achselknospen an dem Zweig treiben gleichmäßig aus.

Im Frühjahr des zweiten Jahres schneidet man die Triebe so zurück, daß sie eine Halbkugel oder ein Kugelsegment bilden. Wichtig ist, daß möglichst alle großen Spitzenknospen entfernt werden. Der zweite Rückschnitt erfolgt in gleicher Weise wie im ersten Jahr der Gestaltung. Nach dem zweiten Jahr kann man oft bereits die spätere Besenform sehr gut erkennen. In den folgenden Jahren verfährt man in gleicher Weise, bis die endgültige Baumhöhe erreicht ist. Danach wird die Form nur noch erhalten.

Sollten die Zweige zu sehr auffächern, werden sie im Herbst durch Zusammenbinden korrigiert. Wird der Besen zu schmal, kann durch Spanndrähte aufgefächert werden. Nach drei bis fünf Jahren kann man damit beginnen, die Wurzeln am Stammansatz freizulegen und so den Stammfuß auszubilden.

Die Kaskade

Jap.: Kengai

Im Hochgebirge kann man an Steilhängen Bäume sehen, die von einer Lawine umgedrückt wurden, ohne dabei entwurzelt worden zu sein. In Extremfällen wurde dabei der Stamm so stark gebogen, daß die Krone des Baumes über die Klippe ragt. Liegt die Baumkrone jetzt tiefer als der Wurzelansatz, spricht man von einem Baum in Kaskadenform. Eindrucksvoll ist solch ein Bonsai, wird doch der Kampf eines Baumes ums Überleben in einer Extremsituation nachgeformt.

Auch für diese Grundstilart gelten einige Einschränkungen bei der Auswahl der Baumart. Grundsätzlich wählt man für die Gestaltung einer Kaskade nur Baumarten aus, die recht langsam wachsen. Da die natürliche Wachstumsrichtung eines Baumes senkrecht dem Licht entgegen strebt, werden die neuen Triebe verstärkt in diese Richtung wachsen. Bei schnellwachsenden Baumarten ist diese Wachstumstendenz naturgemäß sehr stark ausgeprägt. Im Prinzip müßte eine Kaskade aus einer schnellwachsenden Baumart ständig eingedrahtet sein, was auf Dauer keine gute Bonsai-Gestaltung darstellt. Kiefern und Wacholder, aber auch Zwergmispeln eignen sich gut für die Gestaltung zur Kaskade. Ungeeignet sind hingegen die meisten Laubbaumarten wie Birken, Buchen und Eichen.

Eine Mädchen-Kiefer (*Pinus parvifolia*). Schwungvoll neigt sich die Kaskade hinab.
(Bonsai Sekai, Japan)

Grundsätzlich neigt sich der Stamm eines Bonsai als Kaskade über die Schalenbasis nach unten. Sowohl der Stamm als auch die Äste sind dabei mit mehr oder weniger vielen, dreidimensionalen Biegungen versehen. Das Laub gleicht so einem grünen »Wasserfall«. Auf grünen Treppen steigt der Blick des Betrachters in die Tiefe. Die Zweige sind so angeordnet, daß das Laub von der Schale wegweist. Auf der starken ersten Stammbiegung erhebt sich häufig eine kleine Krone. Dieser Teil des Baumes gleicht der frei aufrechten Form. Bei einer klassischen Kaskade ist dieser Gestaltungsteil unbedingt notwendig. Für die Gestaltung dieser flachen, häufig schirmförmigen Krone wird der erste Hauptast verwendet, während die eigentliche Kaskade vom Stamm des Baumes gebildet wird.

Die Anordnung der Äste an der Kaskade folgt den gleichen Prinzipien wie bei der streng aufrechten Form oder der frei aufrechten Form. Für welche der Varianten man sich entscheidet, hängt von der Form der Hauptlinienführung durch die Kaskade ab. Die Hauptlinienführung kann gerade oder in Biegungen nach unten führen. Eine Kaskade mit geradem Stamm führt direkt nach der ersten Stammbiegung lotrecht nach unten.

Ist die Linienführung gebogen, bewegen sich die S-förmigen Schwünge mal mehr, mal weniger nah auf die Schale zu, wobei die unterste Spitze am weitesten von der Senkrechten entfernt ist. Bei einer gebogenen Kaskade entspringen die Äste immer an der Außenseite der Biegungen.

Die Kaskade ist durch einen abwärtsgeneigten Stamm definiert. Der erste Hauptast bildet die Stammverlängerung nach oben und verzweigt sich zu einer Krone.

In beiden Varianten folgt die Astanordnung wie bei der frei aufrechten oder der streng aufrechten Form wieder dem Dreiklang.

Wichtig ist, daß die Unterseiten der Äste von allen nach unten wachsenden Trieben befreit sind. Ansonsten wäre die klare Linienführung stark beeinträchtigt und die Form sehr verwaschen. Exaktes Arbeiten ist die notwendige Voraussetzung für eine überzeugende Kaskade.

Der Wurzelhals ist auf der der Kaskade gegenüberliegenden Seite stärker ausgeprägt als auf der Kaskadenseite des Stammes. Der natürliche Eindruck, daß der Baum sich gegen das Herabfallen über die Klippe wehrt, wird hierdurch verstärkt. Die Wurzeln gegenüber der Kaskade stehen unter Zugspannung, während die Wurzeln auf der Innenseite der starken Stammbiegung unter Druckspannung stehen. Zuggespannte Wurzeln sind langgestreckt, während sich druckgespannte Wurzeln wie Krallen schon nach kurzer Wegstrecke ins Erdreich bewegen. Einem entsprechenden Wurzelhals sollte man bei der Gestaltung der Kaskade ein besonderes Augenmerk schenken.

Bei der Formerhaltung einer Kaskade kommt man auf keinen Fall ohne regelmäßiges Drahten aus. Dabei werden die neu gewachsenen Baumteile durch Draht in die Gesamtgestaltung integriert. Die älteren Baumteile haben sich durch die vorherigen Drahtungsaktionen in der entsprechenden Form stabilisiert und brauchen daher normalerweise auch keine erneute Formkorrektur.

Auswahl der Schale

Eine Kaskadenschale ist rund, quadratisch oder mehreckig. Sie ist immer recht tief, um dem überhängenden Baum sowohl ein optisches als auch ein tatsächliches Gegengewicht gegenüberzustellen. Der Schalendurchmesser entspricht maximal dem Fünffachen des Stammdurchmessers. Die Schalentiefe ist geringer als die Kaskadenlänge.

Den Baum pflanzt man ziemlich genau in die Mitte der Schale. Bei einer quadratischen Schale ergießt sich die Kaskade über eine der Seiten. Bei einer mehreckigen Schale geht die Kaskade über eine der Ecken in die Tiefe.

Gestaltung einer Kaskade

In der Baumschule lohnt es sich, in der Abteilung für Bodendecker nach einer geeigneten Ausgangspflanze für eine Kaskade zu suchen. Meist haben Bodendecker bereits einen gewundenen Stamm, der gute Voraussetzungen für die beabsichtigte

Gestaltung bietet. Der Stamm sollte reich verzweigt und gut mit Laub bedeckt sein. Für die Gestaltung ist es immer besser, wenn die Ausgangspflanze mehr Zweige und Laub hat, als für den späteren Bonsai benötigt werden. Die Vielfalt an Gestaltungsmöglichkeiten ist so von vornherein nicht durch das Fehlen von Ästen und Zweigen begrenzt.

Auch unter den Nadelbäumen, wie zum Beispiel Wacholder oder Kiefern, findet man oftmals sehr geeignete Kandidaten zur Kaskade. Selbst stärkere Stämme, deren untere Bereiche durch Draht nur noch schwer zu biegen sind, können zur Kaskade werden. Der Baum sollte aber im unteren Stammteil eine Biegung wie bei einer frei aufrechten Form haben und im oberen Stammbereich noch durch Draht zu biegen sein. Nun wird der Baum schräg eingepflanzt, so daß die erste Stammbiegung den Beginn der Kaskade bildet. Der weitere Verlauf der Kaskade wird dann durch Eindrahten korrigiert.

Von vorn betrachtet, sollte die Kaskade ein ungleichschenkliges Dreieck bilden. Die Äste werden zu den Seiten hin wie bei den aufrechten Formen ausgebreitet. Die Zweige müssen so geformt werden, daß sich ihr Laub auf der von der Schale abgewandten Seite der Kaskade ausbreitet. Schmale, nach vorn gerichtete Laubpolster sind das Gestaltungsziel.

Sämlinge und Stecklinge kann man schon recht früh auf das Ziel Kaskade hin erziehen. Beim ersten Drahten arbeitet man wie bei dem Gestaltungsziel »frei aufrechte Form«, nur wird der untere Stammteil viel stärker gebogen. In den folgenden Jahren pflegt man die beabsichtigte Kaskade aufrecht wachsend. In dieser Wuchsrichtung ist der Zuwachs stärker, und die Kaskade wird sich in kürzerer Zeit ausgewogen gestalten lassen. Später wird der Bonsai einfach schräg eingepflanzt und diese erste Stammbiegung als Beginn der Kaskade genutzt.

Gruppen- und Waldpflanzungen

Jap.: Yose ue

Die Begriffe Baum und Wald gehören im Bewußtsein vieler Menschen untrennbar zusammen. Es ist daher nur natürlich, daß auch die Waldform zu den Grundstilarten der Bonsai-Gestaltung gehört (siehe Abbildungen, Seite 140 und 141).

Wald ist in der Natur aber nicht gleich Wald. So verschieden die vorkommenden Landschaftsformationen auf der Erde sind, so vielgestaltig sind auch die Erscheinungsformen der Wälder. Da gibt es den düsteren, dichten Bergwald und den lichten Laubwald der Ebenen. Kleine, einzeln stehende Gehölzgruppen auf einer Bergkuppe wechseln sich mit großen, zusammenhängenden Mischwäldern ab.

Bei Bonsai sind dem Gestalter ebenfalls — bis auf das Platzangebot in der Bonsai-Schale — keine Grenzen gesetzt. Gruppen- und Waldpflanzungen haben den Vorteil, daß man hierfür Bäume verwenden kann, die als Einzel-Bonsai keine Ausstrahlung hätten. So können Bäume in die Gestaltung aufgenommen werden, die nur auf einer Seite Äste ausgebildet haben. Zusätzlich hat auch der Bonsai-Anfänger schon nach nur kurzer Gestaltungszeit ein gutes Resultat vorzuweisen. Man kann kleine, lockere Baumgruppen ebenso gestalten wie große, scheinbar undurchdringliche Wälder. Sehr wirkungsvoll können auch Steine in die Gestaltung miteinbezogen werden. Die dabei entstehenden Landschaften nennt man Saikei.

Lediglich einige Grundprinzipien sind bei der Gestaltung von Gruppen- und Waldpflanzungen zu beachten. Die Anzahl an Bäumen ist unbegrenzt. Um Symmetrie zu vermeiden, nimmt man immer eine

Aus kleinen Buchsbaumpflanzen, zwei Steinen, gröberen Kieseln und einigen Moospolstern kann man eine kleine Landschaft gestalten.

ungerade Anzahl von Bäumen. Auch werden unterschiedlich dicke und hohe Bäume für die Gestaltung ausgewählt, wobei der dickste auch immer der höchste Baum ist.

Der Auswahl des Hauptbaumes wird besonderes Interesse geschenkt. Ihm ist ein Nebenbaum zugeordnet, der in der Gruppe lediglich vom Hauptbaum übertroffen wird. Haupt- und erster Nebenbaum legen das Thema der Komposition fest. Die anderen Bäume der Gruppe richten sich in ihrer Form nach den Hauptbäumen und sind in Abstufungen kleiner und dünner.

Da unterschiedliche Baumarten auch verschiedene Pflegeansprüche stellen, kommen nur Bäume derselben Baumart in eine Waldpflanzung. Bei der Auswahl der

Bäume einer Art sollten alle etwa zur gleichen Zeit im Frühjahr austreiben und ähnliche Herbstfärbungen aufweisen. Auch die Blattform und Blattgröße sollte weitgehend übereinstimmen. Diese Forderungen erfüllen naturgemäß die Bäume am besten, die aus den Stecklingen einer Mutterpflanze gezogen wurden. Geklonte Bäume stimmen in ihren Erbfaktoren und damit in ihren Merkmalen vollkommen überein.

Die eventuell verwendeten Steine sollten aus einem Material bestehen, welches nicht verwittert. Es kommen Granit, Schiefer oder Lavagestein in Frage, nicht aber Sandstein. Die Steine müssen in Form, Größe und Oberflächenstruktur mit den Bäumen harmonieren.

Doch gerade mit der Größe der Steine können sehr unterschiedliche Effekte erzielt werden. Große Steine lassen die Bäume kleiner erscheinen. Man schaut in eine Landschaft, die weit entfernt liegt. Kleine Steine machen dieselben Bäume hingegen optisch groß. Eine nahege-rückte Landschaft ist das Ergebnis.

Die Pflege einer fertigen Waldpflanzung richtet sich nach der Form und der Art der Bäume. Es können Bäume in streng auf-rechter Form ebenso verwendet werden wie Bonsai in frei aufrechter Form oder in Besenform. Es sollten aber alle Bäume in einer Gruppenpflanzung dieselbe Grund-stilart haben.

Die Bonsai müssen ihrer Form entspre-chend regelmäßig beschnitten und, wenn nötig, auch gedrahtet werden. Das Drahten kann bei dichten Wäldern mit großen Problemen verbunden sein, da man kaum mit den Händen zwischen die Bäume greifen kann. Will man einen dich-ten Wald pflanzen, sollte man nur Baum-arten und Stilarten verwenden, die allein durch Beschneiden weitergestaltet wer-den können.

Wird das Astmuster zu dicht, müssen die Bäume durch Beschneiden ausgedünnt werden. Das ist besonders wichtig, um den innenstehenden Bäumen wieder Raum für neues Wachstum zu schaffen. Die außenstehenden Bäume haben die Möglichkeit, von der Seite her Licht zu be-kommen, und würden unbeschnitten im Laufe der Zeit stärkeres Dickenwachstum aufweisen als die innenwachsenden Bäume. Die Harmonie der Gesamtgestal-tung würde dadurch nach und nach zer-stört.

Auswahl der Schale

Landschaftsschalen bieten der Pflanzung eine große, niedrige Fläche. In Frage kom-men ovale oder rechteckige, flache Scha-len, aber auch Tabletts aus Stein oder ge-branntem Ton. In Bonsai-Fachgeschäften werden auch Tabletts aus Kunstfasern an-geboten, die Steintabletts zum Verwech-seln ähnlich sehen.

Die Stellung der Bäume in der Schale

In einer Waldpflan-zung können auch Bäume verwendet werden, die als Einzel-Bonsai keine Ausstrahlung haben. Bei diesem Wald bil-den die Kronen aller Bäume eine Einheit, die sichtbaren Wur-zeln einen gemeinsa-men Wurzelhals.

oder auf dem Tablett richtet sich nach der Art der Gruppen- oder Waldpflanzung. Aber auch hier bleibt ein Teil der Schalenfläche unbepflanzt. Die Freiflächen geben der Gestaltung optische Tiefe und lassen die Landschaft natürlicher erscheinen. Die Schalenbreite wird nicht durch die Höhe der Bäume, sondern durch die Größe der Pflanzung bestimmt. Die minimale Breite entspricht der Höhe des Hauptbaumes.

Gestaltung einer Gruppen- und Waldpflanzung

Zur Vorbereitung der Pflanzung wählt man eine entsprechende Landschaftsschale aus und zieht durch die Wasserabzugslöcher eine Reihe von Fixierdrähten. Mit Hilfe dieser Drähte werden die Bäume an ihrem Standplatz festgehalten, bis sich ihr Wurzelwerk so weit entwickelt hat, daß sich die Bäume gegenseitig stabilisieren können.

Der Hauptbaum wird kurz vor der Mittellinie und zwischen dem ersten Seitendrittel und dem Mitteldrittel der Schale plaziert. Der zweite Hauptbaum steht kurz hinter dem ersten Hauptbaum und ein wenig mehr zum Seitendrittel in der Schale. Der dritte Baum wird häufig als Hauptbaum der zweiten Baumgruppe verwendet. Diese Gruppe steht auf der anderen Seite der Schale, aber weiter von seiner Seite entfernt als die Hauptgruppe. Auch diesem Hauptbaum wird ein Nebenbaum zugeordnet. Arbeitet man mit einer dritten Baumgruppe, wird sie so nach hinten in der Schale zwischen den beiden Hauptgruppen plaziert, daß die drei Hauptbäume der Gruppen ein ungleichschenkliges Dreieck bilden.

Die kleineren Bäume werden nun den drei Hauptgruppen so zugeordnet, daß sie der Gesamtgestaltung Tiefenwirkung verleihen. Die meisten kleinen Bäume kommen also in den Hintergrund der Gestaltung. Nur selten steht auch einmal ein kleiner Baum im Vordergrund. Innerhalb der Gruppen bilden immer drei Bäume ein ungleichschenkliges Dreieck.

Von jeder Seite betrachtet, stehen niemals drei Bäume in einer Linie. Auch sollten, ebenfalls von jeder Seite betrachtet, niemals zwei Bäume einander verdekken. Die Oberfläche wird nicht vollkommen eben gestaltet, sondern man arbeitet flache Hügel und niedrige Täler aus. Zum Schluß werden die Bäume noch einmal so beschnitten, daß sich nur wenige Äste überkreuzen und die Kronen der Bäume miteinander harmonieren. Bei dichten Wäldern bilden die Kronen der Bäume häufig sogar eine Einheit.

Adressen

Bonsai-Fachbetriebe Deutschland

Japan-Bonsai Berlin
J. u. M. Pfeifer
Krumme Straße 52
D-10627 Berlin

Bonsai-Centrum Edling
Budapester Straße 2
D-10787 Berlin

Bonsai und Blumenboutique 46
Christian Gromadecki
Mehringdamm 46
D-10961 Berlin

Pflanzencenter in Steglitz
Dipl. Ing. H. Babazadeh
Schloßstraße 34/35
D-12163 Berlin

Pluta Gartencenter
Marienfelde
Buckower Chaussee 76—79
D-12277 Berlin

Bonsai-Garten
W. Tunnat
Gärtnerstraße 24
D-20253 Hamburg

Bonsai-Fachgeschäft
Siegfried Markwart
Röpraredder 2
D-21031 Hamburg

Bonsai
Wolfgang Bulda
Rübenkamp 5 d
D-22305 Hamburg

Bonsai-Centrum Elsholz
Röntgenstraße 3
D-24537 Neumünster

Bonsai-Börse
Bernward Wagner
Wyckstraße 11
D-28213 Bremen

Bonsai Schule Enger
Hermann Pieper
Feldstraße 21
D-32130 Enger/Steinbeck

Bonsai-Zentrum Bünde
Blumen Richter
Holser Straße 49
D-32257 Bünde

Helgas Bonsai-Garten
H. u. D. Newels
Altenfeldsweg 9
D-35394 Gießen

Bonsai-Studio Müller
Spandauer Weg 16
D-37085 Göttingen

Bonsai-Werkstatt
Werner Busch
Hammer Dorfstraße 167
D-40221 Düsseldorf

Bonsai-Garten
Walter Brandt
Geistenbecher Straße 81
D-41199 Mönchengladbach

Bonsai-Studio Neuss
Baumschule Nabben
Schwarzer Weg 19
D-41466 Neuss-Reuschenberg

Bonsai-Centrum Wuppertal
Blumen Kiekuth
Wittener Straße 306
D-42279 Wuppertal

Bonsai-Laden
Feldhaar
Karlstraße 12
D-46414 Rhede

Bonsai-Botanicum
Wilfried Geßner
Grünstraße 39
D-46483 Wesel

Bonsai-Zentrum
Wolfgang Klemend
Weseler Straße 57
D-48151 Münster

Blumenhaus Günzler
Am Rabenack 8
D-56346 St. Goarshausen

Bonsai-Shop
Friedrich Rohleder
Braache 10
D-57234 Wilnsdorf-Niederdielfen

Bonsai-Zentrum Frankfurt
Bonsai-Rüger
Sandweg 6
D-60316 Frankfurt

Bonsai Rüger
Neuer Weg 9
D-61137 Schöneck

Bonsai-Garten Oberursel
Harro Peschmann
Adenauer-Allee 9
D-61440 Oberursel

Bonsai-Studio
Christa Triesch
Pappelweg 8
D-63674 Altenstadt-Waldsiedlung

Bonsai-Studio
Geiss
Vogelsberg 14
D-63679 Schotten

Bonsai-Laden
Hößbacher
Bahnhofstraße 49
D-63743 Aschaffenburg-Obernau

Bonsai-Garten Klotz
Bahnhofstraße 10
D-63853 Mömlingen

Bonsai-Zentrum
Karl-Heinz Pohlenz
Urberacher Weg 40
D-64807 Dieburg

Bonsai-Laden
Dieter Ott
Rheintalstraße 27
D-65199 Wiesbaden

Bonsai-Kunst
Kiefer
Stefanstraße 3
D-66127 Saarbrücken

Bonsai-Studio
Elmar Heil
Rabamus-Maurus-Straße 16
D-66989 Petersberg

Bonsai-Centrum Heidelberg
Paul Lesniewicz
Mannheimer Straße 401
D-69123 Heidelberg

Bonsai-Ecke Schwarz
Dieter Schwarz
Haugweg 19
D-71711 Murr

Bonsai-Schule Brandt
Mittlere Oberaustraße 7
D-77963 Schwanau

Bonsai-Centrum München
A. Bauer & Co. KG
Schleißheimer Straße 458
D-80935 München

Kofuku-Tei en Bonsai
G. Vorderwülbecke
Hohenofenerstraße 92
D-83024 Rosenheim-Brucklach

Bonsai
Theo Eppers
Streudorf
D-91710 Gunzenhausen

Bonsai-Markt
Peter Wehrl
Alexanderstraße 7
D-95488 Eckersdorf

Bonsai-Lädchen
Volker Eppler
Rosenstraße 9
D-97618 Wülfershausen/S.

Handgetöpferte Schalen
Peter Krebs
Oststraße 9
D-35745 Herborn

Bonsai-Fachbetriebe Österreich

Gartencenter AG
Bellaflora
Zaunmüllerstraße 1
A-4020 Linz

Japan Bonsai
Baumschule Auer
Wagramer Straße 104
A-1220 Wien

Austria Bonsai Import
Gottfried Kattnig
Obertweng 12
A-9545 Radenthein

Japan Bonsai
Schloßau 46–48
A-9871 Seeboden

Bonsai-Fachbetriebe Schweiz

Bonsai-Zentrum Schinznach
Hermann Zulauf AG
CH-5107 Schinznach Dorf

Bonsai-Atelier Rieterpark
Gutmann
Gablerstraße 3
CH-8002 Zürich

Bonsai-Garten-Zürich
E. Gutmann
Laufferweg 8
CH-8006 Zürich

Bonsai & Exotic Plants
Reni Staudacher
Seefeldstraße 44
CH-8008 Zürich

Bonsai-Centrum Russikon
H. Waffenschmidt
CH-8332 Russikon

Bonsai-Park St. Gallenkappel
Oberrheinstraße 18
CH-8735 St. Gallenkappel

Bonsai Clubs

Deutschland
Bonsai-Club Deutschland
c/o Dietmar Schüler
Konviktstr. 1
D-79098 Freiburg

Österreich
Österreichischer Bonsai-Club
Zaunmüller-Straße 1
A-4020 Linz

Schweiz
SBC, Schweizer Bonsai-Club
CH-5107 Schinznach-Dorf AG

Register